NIETZSCHE, LE SUJET, LA SUBJECTIVATION

5-7, rue de l'Ecole polytechnique, 75005 Paris

http://www.librairieharmattan.com
diffusion.harmattan@wanadoo.fr
harmattan1@wanadoo.fr

ISBN : 978-2-296-07342-5
EAN : 9782296073425

François KAMMERER

NIETZSCHE, LE SUJET, LA SUBJECTIVATION

*Une lecture d'*Ecce homo

L'Harmattan

Ouverture philosophique
Collection dirigée par Dominique Chateau,
Agnès Lontrade et Bruno Péquignot

Une collection d'ouvrages qui se propose d'accueillir des travaux originaux sans exclusive d'écoles ou de thématiques.

Il s'agit de favoriser la confrontation de recherches et des réflexions qu'elles soient le fait de philosophes "professionnels" ou non. On n'y confondra donc pas la philosophie avec une discipline académique ; elle est réputée être le fait de tous ceux qu'habite la passion de penser, qu'ils soient professeurs de philosophie, spécialistes des sciences humaines, sociales ou naturelles, ou... polisseurs de verres de lunettes astronomiques.

Dernières parutions

F. W. J. SCHELLING, *Conférences de Stuttgart*, 2008.
Philippe S. MERLIER, *Patočka. Le soin de l'âme et l'Europe*, 2008.
Michel FATTAL, *Image, Mythe,* Logos *et Raison*, 2008.
Max-Henri VIDOT, *L'Humanisme éthique et ses fondements historiques*, 2008.
Bertrand DEJARDIN, *L'Art et l'illusion, Ethique et esthétique chez Freud*, 2008
Stéphanie GENIN, Le Guépard *ou la Mélancolie du prince*, 2008.
Philippe SECRETAN (*Trad. et prés.), Etudes autour de Xavier ZUBIRI : Dieu, les religions, le bien et le mal, 2008.*
Jean-Pierre Emmanuel JOUARD, *Le principe de justice. Quatre leçons de philosophie morale et politique*, 2008.
Paul DUBOUCHET, *Droit et épistémologie. L'organon du droit*, 2008.
Nassim BENAISSA, *Folie et nihilisme. Essai d'interprétation philosophique du* Don Quichotte *de Cervantès*, 2008.
Virginie BOUTIN, *Petite scénologie de la pensée*, 2008.
P. RIVIALE, *L'homme vivant et le matérialiste imaginaire*, 2008.
E. GABELLIERI, M. C. LUCCHETTI BINGEMER, *Simone Weil. Action et Contemplation*, 2008.
Cécile VOISSET-VEYSSEYRE, *Hobbes philosophe redoutable ? Des Amazones et des hommes, ou le contrat selon Hobbes*, 2008.

à Isabelle.

Liste des abréviations utilisées :

A : L'Antéchrist
Au : Aurore
CDI : Crépuscule des idoles
Cix : Considérations inactuelles (suivi du numéro, de 1 à 4)
EH : Ecce Homo
FP : Fragments posthumes (suivi du tome correspondant et de l'abréviation correspondant au fragment)
GM : Généalogie de la morale
GS : Le gai savoir
HTH : Humain, trop humain
HTH2 : Humain, trop humain 2
PDBM : Par-delà Bien et Mal
VMEM : Vérité et mensonge au sens extra-moral

Ecce Homo étant particulièrement cité, nous avons utilisé des abréviations pour ses différents chapitres.

AP : Avant-propos
PJSS : Pourquoi je suis si sage
PJSA : Pourquoi je suis si avisé
PJSBL : Pourquoi j'écris de si bons livres
PJSD : Pourquoi je suis un destin

Les différentes sous-parties de *Pourquoi j'écris de si bons livres* sont à leur tour désignées par des abréviations :

PJSBL, NDT : Pourquoi j'écris de si bons livres, Naissance de la tragédie
PJSBL, LI : Pourquoi j'écris de si bons livres, Les "inactuelles"
PJSBL, HTH : Pourquoi j'écris de si bons livres, Humain trop humain
PJSBL, AU : Pourquoi j'écris de si bons livres, Aurore

PJSBL, GS : Pourquoi j'écris de si bons livres, Le gai savoir
PJSBL, Z : Pourquoi j'écris de si bons livres, Ainsi parlait Zarathoustra
PJSBL, GM : Pourquoi j'écris de si bons livres, Généalogie de la morale
PJSBL, PDBM : Pourquoi j'écris de si bons livres, Par-delà bien et mal
PJSBL, CDI : Pourquoi j'écris de si bons livres, Crépuscule des idoles
PJSBL, CW : Pourquoi j'écris de si bons livres, Le cas Wagner

Introduction

Un préjugé répandu

De larges pans de la recherche philosophique contemporaine partagent le présupposé suivant : Nietzsche serait le philosophe de la « critique du sujet ». En ce sens, on lui sait gré d'avoir mis à mal l'idée d'un « moi » souverain, personnel et substantiel, idée qui avait jusqu'à lui traversé toute l'histoire de la pensée occidentale (de « l'âme » platonicienne ou chrétienne jusqu'à l'*ego* cartésien). On considère également que son œuvre a exercé une influence déterminante sur le travail de nombreux penseurs eux-mêmes critiques quant à la notion de « sujet » : Michel Foucault, Gilles Deleuze, Jacques Derrida, Judith Butler, etc..

Mais ce présupposé justifiable devient un préjugé lorsqu'il sous-entend que les apports de Nietzsche au problème du « sujet » seraient d'ordre purement critique. L'intérêt de sa philosophie se trouverait alors limité à la manière dont celle-ci parvient à élider la subjectivité ; elle ne serait alors utile qu'en tant qu'étape liminaire pour d'autres pensées du sujet, constructives celles-ci. Pour prendre l'exemple de Foucault, certains tendent ainsi à penser que celui-ci aurait trouvé en Nietzsche les bases d'une critique radicale du « sujet », avant de se diriger vers des études plus modérées et subtiles. Il serait progressivement passé d'une simple critique du sujet de style nietzschéen (*Surveiller et Punir*) à une conception novatrice des modes de subjectivation (les deux derniers tomes de *L'Histoire de la sexualité*)[1].

Même ceux des philosophes contemporains qui se réclament de Nietzsche, et tentent de lui faire justice, semblent partager ce préjugé. Judith Butler déclarait ainsi dans *La vie psychique du pouvoir* vouloir « contredire la caricature, prégnante dans la critique contemporaine, d'un Nietzsche simple destructeur du domaine des valeurs »[2]. Pourtant, quelques années plus tard, dans *Le récit de soi*, elle en venait à opposer Nietzsche et Foucault sur les problèmes de la

[1] Ce partage est admis par la plupart des commentateurs, même lorsqu'ils insistent sur la cohérence du parcours foucaldien. Voir à ce propos G. Deleuze, *Foucault* et F. Gros, *Michel Foucault*.

[2] Voir J. Butler, *La Vie psychique du pouvoir*, p. 111.

subjectivité et de la morale. Ainsi, d'après elle, Nietzsche, malgré « l'explication magistrale »[3] qu'il donne de la genèse du sujet dans sa *Généalogie de la morale*, s'enfermerait dans une critique trop radicale en ne pensant l'émergence du sujet réflexif que comme la conséquence d'un système judiciaire culpabilisant[4]. A l'inverse de Foucault pour qui « la moralité est inventive »[5], Nietzsche aurait le tort de se concentrer exclusivement sur la face réactive et cruelle de la subjectivité morale.

Citons encore Judith Butler : « Il est *particulièrement important* de souligner que Nietzsche limite son explication de la responsabilité à cette attribution tardive et juridiquement médiatisée, *sans parvenir à comprendre, semble-t-il, les autres conditions d'interlocution dans lesquelles on peut demander de rendre compte de soi* »[6] ; « Pour Nietzsche, la possibilité de rendre compte de soi résulte *seulement* d'une accusation ou, du moins, d'une allégation faite par une personne en position d'infliger un châtiment si un lien de causalité peut être établi. En conséquence, nous adoptons une position réflexive vis-à-vis de nous-mêmes par cette crainte et cette terreur »[7].

Ayant ainsi interprété la position nietzschéenne, Judith Butler finit par déclarer que celle-ci, excessivement critique, est intenable quoique brillante, et qu'il faut se tourner vers Foucault pour aller plus loin : « Foucault reprend le travail que Nietzsche n'a que partiellement achevé »[8].

Le problème d'*Ecce Homo*

Ce genre d'affirmations – et le préjugé qu'elles viennent appuyer – pose problème. Car Nietzsche, à l'automne 1888 – c'est-à-dire quelques mois avant de sombrer dans la folie – entreprit l'écriture d'un ouvrage autobiographique : *Ecce Homo*.

---

[3] Voir J. Butler, *Le récit de soi*, p. 16.
[4] *Ibid.*, p.17.
[5] *Ibid.*, p 18.
[6] *Ibid.*, p.14. C'est nous qui soulignons.
[7] *Ibid.*, p.19. C'est nous qui soulignons.
[8] *Ibid.*, p.134.

Alors qu'il venait d'achever l'écriture de l'*Inversion des valeurs* – qui allait devenir *L'Antéchrist* lors de sa publication posthume – Nietzsche voulut favoriser le succès de cet ouvrage majeur par une annonce tonitruante qui le rendrait visible et audible pour ses contemporains : « Je suis maintenant tout à fait convaincu que j'ai besoin d'un autre ouvrage, d'un ouvrage préparatoire au plus haut point, afin de pouvoir me présenter [...] avec le premier livre de l'*Inversion des valeurs*. Il faut qu'une vraie tension soit créée », écrivait-il à son éditeur[9]. C'est donc pour servir de préface autobiographique à l'*Inversion des valeurs* qu'*Ecce Homo* fut écrit : « [je suis venu à bout d'une tâche] qui consiste à me raconter, moi même, mes écrits, mes opinions, et, fragmentairement, dans la mesure où l'exige mon projet, ma vie »[10].

Nietzsche décida donc de rendre compte de lui-même dans *Ecce Homo* parce qu'il estimait que cela pouvait favoriser la réussite de son projet anti-chrétien. Mais les termes qu'il employa pour présenter son ouvrage autobiographique semblent contredire les idées que Judith Butler lui attribue quant au caractère fondamentalement réactif et craintif de toute présentation de soi : loin d'être le résultat d'une « position réflexive [adoptée] vis-à-vis de nous-mêmes » par « crainte » et par « terreur » du châtiment[11], *Ecce Homo* se qualifiait comme acte agonistique et affirmatif. Nietzsche affirmait ainsi à son propos : « Avec un cynisme qui prendra l'allure d'un événement de l'histoire universelle, je me suis raconté moi-même. Le livre s'appelle *Ecce Homo* et c'est un attentat sans aucun ménagement contre le Crucifié ; il finit dans un fracas de tonnerre et de fulminations »[12]. Le récit de soi livré dans *Ecce Homo* semble donc naître d'une posture orgueilleuse et guerrière, et non d'une soumission apeurée.

Ces propos nous forcent à contester la vision de Nietzsche que nous avait offerte Judith Butler. Sauf à supposer, en effet, un Nietzsche totalement contradictoire et inconséquent, nous devons admettre que sa pensée du « sujet » admet la possibilité de rendre

---

[9] Dans une lettre du 6 novembre 1888. Cette lettre, et toutes celles qui seront citées par la suite, proviennent de l'appareil critique livré avec *Ecce Homo* dans l'édition établie par Giorgio Colli et Mazzino Montinari.

[10] Lettre du 6 novembre 1888 à son éditeur, à propos d'*Ecce Homo*.

[11] Voir J. Butler, *Le récit de soi*, p. 11.

[12] Lettre à Brandes du 20 novembre 1888.

compte de soi autrement que dans une réaction craintive à un pouvoir menaçant ; possibilité dont *Ecce Homo* serait l'effectuation. Contre le préjugé contemporain, donc, nous voudrions montrer que Nietzsche traite le problème du sujet de manière plurielle ; et que si *La généalogie de la morale* – étudiée par Judith Butler – participe du versant critique de son analyse, nous pouvons trouver, dans *Ecce Homo*, une conception plus positive et créatrice des notions de subjectivité et de rapport à soi.

L'œuvre de Nietzsche ne serait donc pas cette fulgurance incomplète dont le complément nécessaire se trouverait chez Foucault ; au contraire, nous voulons tracer une véritable parallèle entre les deux pensées et affirmer que Nietzsche accomplit en réalité un trajet comparable à celui de Foucault – qui, de *Surveiller et Punir* à *l'Histoire de la sexualité*, était passé d'une conception critique du sujet, considéré comme simple « effet de discours » assujettissant, à l'étude des divers modes de subjectivation en tant qu'ils sont créatifs et inventifs.

Précisons notre idée quant à ce parallèle entre Nietzsche et Foucault : d'abord, nous devons dire que nous ne supposons qu'une similitude partielle entre les deux trajets. Ainsi, contrairement aux ouvrages du dernier Foucault, *Ecce Homo* ne prétend pas étudier et conceptualiser les divers modes de subjectivation dans leur dimension créative. Cette œuvre réalise bien plutôt l'invention *hic et nunc* d'un nouveau type de rapport à soi, affirmatif, agonistique, radicalement différent de ceux que lui proposaient l'autobiographie traditionnelle et la morale métaphysique. Si la critique nietzschéenne du sujet – par exemple dans la *Généalogie de la morale* – était théorique, le versant positif du même problème est traité par Nietzsche de manière concrète et pratique. *Ecce Homo* n'est pas pour nous une œuvre spéculative, mais un lieu d'effectuation. Si, donc, nous décidons d'étudier *Ecce Homo* à partir du problème de la subjectivation, ce devra être de manière pragmatique : nous devrons l'interroger sous l'angle, non pas des significations qu'il recèle, mais des effets qu'il produit.

Notre intention n'est pas non plus de dire que Nietzsche aurait déjà tout pensé, et que l'œuvre de Foucault ne serait qu'une inutile redite. C'est en effet seulement grâce aux travaux de Foucault que nous pouvons relire Nietzsche de cette manière, et rattacher *Ecce Homo* au problème plus général du « sujet » en le caractérisant comme le versant « positif » de la critique nietzschéenne. Le concept de « subjectivation », que nous utiliserons au cours de cette étude, est ainsi importé de l'œuvre foucaldienne, et Nietzsche n'utilise aucun terme semblable. C'est pourtant lui qui pourra éclairer notre lecture de Nietzsche, en nous permettant de dessiner au sein de l'œuvre de ce dernier un parcours qui irait de la « critique du sujet » (dont fait partie la *Généalogie*) à « l'invention d'un nouveau mode de subjectivation » (*Ecce Homo*).

Ces précisions effectuées, résumons notre intention : nous voulons prouver que Nietzsche ne s'est pas contenté d'élider la subjectivité pour en appeler à la l'exaltation des instincts aveugles[13]. A l'instar de Foucault, il a entrevu la possibilité de modes de subjectivation différents de ceux de la métaphysique traditionnelle, capables de libérer et d'augmenter l'homme au lieu de le réprimer. Nous désirons montrer que c'est dans *Ecce Homo* qu'une telle possibilité s'est effectuée.

Plan de l'étude

Notre projet est de comprendre et de détailler le trajet nietzschéen, que nous supposons comparable à celui de Foucault, en montrant comment Nietzsche a opéré son travail de critique de la subjectivité pour en arriver à la production pragmatique d'un nouveau mode de subjectivation dans *Ecce Homo* ; nous entreprendrons ensuite

[13] Ce qui constituerait une position assez faible, comme l'admet Judith Butler qui semble pourtant prêter par moments à Nietzsche de telles conceptions : « Pour Nietzsche, le caractère agressif de la vie lui est coextensif de telle sorte que si nous rendons l'agression illégale, nous essayons en fait de rendre illégale la vie elle-même [...] Nietzsche se concentre sur une agressivité originelle qu'il juge appartenir à chaque humain et qui est d'ailleurs coextensive à la vie elle-même. L'engagement de poursuites contre cette agressivité sous l'autorité d'un système pénal éradiquerait, selon lui, cette vérité de la vie », voir J. Butler, *Le récit de soi*, p. 13-14. « Nietzsche se plaint que l'intériorisation de la moralité se fait à travers l'affaiblissement de la volonté, même s'il admet que cette intériorisation constitue "la matrice de tous les phénomènes idéaux et imaginatifs" dont font probablement partie ses propres textes philosophiques, y compris cette explication », *Ibid.*, p. 18.

d'esquisser les divers aspects du rapport à soi inédit qui se réalise dans cet ouvrage.

Dans notre **Première partie** (« **Du sujet à la subjectivation** »), nous nous intéresserons à la manière dont Nietzsche, au cours de son œuvre, a critiqué le « sujet » tel qu'il est pensé par la tradition philosophique (sujet donné, souverain et fondateur) pour aboutir à une vision différente et plurielle de la subjectivité. Nous diviserons ce travail intellectuel en deux moments : tout d'abord, nous tenterons d'étudier la manière dont Nietzsche mène une critique d'ordre épistémologique, qui s'attaque aux catégories traditionnelles du « sujet » (**chapitre 1 : La critique nietzschéenne du « sujet »**).

Par la suite, nous remarquerons que d'autres textes (dont la *Généalogie de la morale*), plus tardifs, abordent la question du sujet sous un angle généalogique et pragmatique. Nous montrerons que ce changement d'angle correspond en fait à une translation invisible, qui mène Nietzsche à abandonner le concept de « sujet » au profit d'une vision multiple et modale des rapports à soi, qui correspond selon nous au concept foucaldien de « subjectivation ». Nous analyserons ce changement conceptuel (**chapitre 2 : Vers la subjectivation : critiques et promesses**), et nous tenterons d'exposer les perspectives à la fois critiques et constructives ouvertes par cet angle « généalogique ».

Nous aurons donc eu l'occasion de montrer que la pensée nietzschéenne de la subjectivité ne se limitait pas à une critique démystificatrice et unilatérale, et qu'en adoptant successivement une perspective épistémologique et une perspective généalogique, elle ouvrait au contraire la possibilité de nouveaux modes de subjectivation. Notre **Deuxième partie** (« **Les modes de subjectivation dans *Ecce Homo*** ») s'intéressera alors plus spécifiquement à la manière dont ces possibilités trouvent une forme d'effectuation dans le dernier ouvrage de Nietzsche, *Ecce Homo*. Il nous faudra tout d'abord justifier l'importance accordée à cette dernière œuvre : comment un simple livre peut-il être en même temps un acte vital, une effectuation proprement existentielle ? Nous répondrons à cette question en interrogeant l'aspect éminemment performatif des discours autobiographiques dont *Ecce Homo* va opérer la subversion (**chapitre 1 : Considérations préliminaires**). Il sera alors temps pour nous d'entrer dans l'étude du texte, afin d'y repérer l'émergence d'un nouveau type de rapport à soi. Quelle subjectivité spécifique se manifeste dans *Ecce Homo* ? Quel mode de subjectivation s'y effectue ? Pour répondre à ces questions de manière structurée, nous utiliserons comme grille de lecture de l'œuvre la typologie des modes de subjectivation que Foucault avait exposée dans l'*Histoire de la sexualité*[14].

Nous commencerons donc par nous demander : Quel type d'être Nietzsche découpe-t-il comme base du rapport à soi ? Quelle est la substance éthique de sa problématisation morale ? (**chapitre 2 : Détermination de la substance éthique : la définition du « Soi » corporel**). Nous verrons alors que la morale nietzschéenne découpe le sujet moral de manière inédite, en constituant comme base de sa problématisation, l'organisme vivant et ses interactions.

Nous interrogerons ensuite le type de règle qui régit l'attitude morale nietzschéenne : sur quel mode Nietzsche s'impose-t-il des règles de vie, et procède-t-il à ses évaluations éthiques ? (**chapitre 3 : Mode d'assujettissement : l'invention d'une morale diététique**). C'est alors l'aspect spécifiquement diététique du mode de subjectivation nietzschéen qui nous intéressera : nous verrons que la santé, et plus spécifiquement la « grande santé », constitue la matrice des élaborations éthiques effectuées par *Ecce Homo*, ainsi que de la conception de l'individualité qui s'y trouve développée.

Nous nous intéresserons alors au rapport à la vérité, et au mode de véridiction impliqué par la pratique de subjectivation nietzschéenne. Quelle connaissance de lui-même l'individu doit-il rechercher ? Quel discours de soi doit-il tenir ? (**chapitre 4 : Travail éthique : le jeu du récit, de la vérité et des masques**). Pour Nietzsche, l'évaluation des énoncés ne s'effectue plus au nom d'une vérité métaphysique, mais d'une généalogie et d'une physiologie pragmatique. Nous constaterons donc que l'éthique nietzschéenne, à la différence par exemple de la morale chrétienne, promeut un mode spécifique d'herméneutique de soi, dans lequel il ne s'agit pas d'établir ou de déchiffrer la « vérité » d'un « sujet », mais de permettre l'expression, la coexistence ou l'activation des puissances constituantes d'un individu.

---

[14] Voir M. Foucault, *L'Usage des plaisirs*, Introduction, « Morale et pratique de soi ». Nous reviendrons plus tard sur les détails de cette typologie.

Nous entreprendrons enfin de déterminer la téléologie, ou horizon d'attente, du sujet ainsi produit. Quelle réalisation l'individu nietzschéen vise-t-il par ce mode de subjectivation ? Dans quel état, quelle posture, trouve-t-il son mode d'accomplissement ? (**chapitre 5 : Téléologie du sujet moral : le moi comme événement**). En définissant la téléologie nietzschéenne comme effectuation d'un moi-événement, nous aurons achevé de dresser le portrait du mode de subjectivation spécifique à *Ecce Homo*, c'est-à-dire du « moi » proprement nietzschéen. Il sera alors temps de nous demander ce qu'une telle conception peut, aujourd'hui encore, nous apporter.

Du sujet à la subjectivation

Chapitre 1 : La critique nietzschéenne du « sujet »

Les prémisses de la critique nietzschéenne du sujet[15]

La critique épistémologique que mène Nietzsche des notions de sujet et d'individu est difficile à retranscrire, dans la mesure où la question n'est jamais abordée de front, mais constitue une pièce parmi d'autres de son offensive contre la métaphysique. Le problème du « sujet » est donc crucial, puisque toujours présent ; dans le même temps, il ne semble jamais traité pour lui-même. Nous pouvons toutefois affirmer que la dévalorisation du sujet prend la plupart du temps sa source dans une critique de la connaissance. Nietzsche, dans une veine kantienne, évacue ainsi l'idée d'une vérité définie comme capacité d'un énoncé à nous renseigner sur la nature des choses telles qu'elles sont, des choses en soi. C'est en mettant en cause cette conception naïve de la vérité que Nietzsche pourra par la suite aller

---

[15] Dans les paragraphes qui suivent, nous reprendrons en grande partie les analyses de J. Granier, *Le problème de la vérité dans la philosophie de Nietzsche*.

plus loin que Kant, et mener à bien sa critique du sujet.

Il adresse ainsi une célèbre objection aux théories classiques de la connaissance, à propos de la notion de *fait* : « il n'y a pas de faits, seulement des interprétations »[16], déclare-t-il. Que signifie cette phrase ? Qu'il est impossible de constater un « factum » pur et objectif, qui posséderait un sens par lui-même, et nous offrirait ce sens dans l'acte d'observation. Toute la critique nietzschéenne de la métaphysique repose sur cette dénonciation : il n'y a pas de « sens » du monde ; il faut être naïf pour aller placer le sens – notion humaine qui réfère à l'interprétation d'un texte ou d'une action intentionnelle – en dehors de nous, dans les choses. La réalité, pour Nietzsche, est bien trop complexe, plurivoque, illogique, fallacieuse, pour être jamais accessible à l'esprit humain dans la catégorie du « sens » : le monde ne peut être découpé en « faits » univoques. Placer une telle univocité dans les choses mêmes constitue une falsification et une simplification. Nietzsche outrepasse Kant sur ce point, puisque pour lui l'idée même qu'il y aurait une « réalité » ultime – une chose en soi, même inaccessible[17] – provient d'une projection injustifiée de catégories humaines.

Mais cette critique de l'objectivisme ne doit pas mener non plus à son contraire, le subjectivisme. Car ceux qui pensent prendre en compte cette critique du *fait* objectif en accordant au sujet le pouvoir de constitution des faits, c'est-à-dire en déclarant que, « tout est subjectif », sont selon Nietzsche dans l'erreur. Du moins ils se trompent lorsqu'ils pensent leur solution inattaquable, car : « "tout est subjectif", dites-vous : mais ceci est déjà une interprétation, un "sujet" n'est pas un donné, mais quelque chose d'inventé en plus, de placé-par-derrière »[18].

Il n'existe donc pour Nietzsche qu'une seule position tenable : le perspectivisme, qui admet que le monde n'est rien d'autre qu'une infinité d'interprétations, sans que celles-ci ne reposent sur des « sujets » capables de les produire. L'interprétation n'est pas alors conçue comme ce qui permet d'assigner un sens à un texte, avec l'espoir de le comprendre correctement, d'en découvrir le sens

---

[16] *FP*, XII, 7[60].
[17] *CDI, «* Comment, pour finir, le "monde vrai " devint fable ».
[18] *FP*, XII, 7[60].

définitif : la réalité ne recèle rien de ce genre[19]. Mais elle n'est pas non plus un acte de constitution effectué par un sujet séparé et souverain ; l'interprétation n'est pas « subjective ».

Pour Nietzsche, l'interprétation doit en fait se comprendre sur le modèle du rapport de forces. Ce que nous appelons la « réalité » est en effet, non pas un amas de choses ou d'atomes, mais la mise en relation des volontés de puissances, « et rien d'autre »[20]. C'est-à-dire que nous ne trouvons dans le monde que « des *quanta* dynamiques, dans un rapport de tension avec tous les autres *quanta* dynamiques : dont l'être réside dans leur relation avec tous les autres quanta, dans leur « action » sur ceux-ci »[21]. L'interprétation est alors l'acte de saisie et de subordination d'un certain « *quanta* » par un autre, c'est-à-dire la fixation provisoire, et en un degré spécifique, de ce « rapport de tension ». Le concept d'interprétation possède donc pour Nietzsche un sens tout à fait original, et une portée extrêmement large ; celle-ci n'est pas uniquement intellectuelle, mais revêt également un sens matériel, concret et pragmatique. Tous les « *quanta* dynamiques », c'est-à-dire toutes les volontés de puissance, ne cessent en effet d'interpréter. Les perceptions ou les connaissances ne sont pas les seules formes d'interprétations ; tous les actes, toutes les mises en forme, tous les évènements en sont également. Ainsi, quand un organe prend forme, il s'agit d'une interprétation[22]. Toutes les « choses » que nous croyons constater dans le monde ne sont que le résultat toujours mouvant d'une multitude d'interprétations, d'arrangements, de subordinations.

Il n'y a pas d'être pur et originel de ces « *quanta* dynamiques », puisque ceux-ci se définissent uniquement de manière relationnelle, non-substantielle. La réalité ne contient donc « que des interprétations », c'est-à-dire que des relations entre *quanta* de forces – et « pas de faits ». Etudier un phénomène signifie alors détailler la multiplicité des perspectives qu'il abrite : trouver son « sens », c'est découvrir la nature et les modalités des forces qui s'approprient ce

---

[19] *PDBM,* §22.
[20] *PDBM,* §36.
[21] *FP*, XIV, 14[79].
[22] Voir W. Müller-Lauter, *Nietzsche. Physiologie de la volonté de puissance,* « La pensée nietzschéenne de la volonté de puissance », « La volonté de puissance comme interprétation ».

phénomène, qui l'exploitent, qui s'en emparent ou qui s'expriment en lui. Mais le sens ainsi conçu est une notion complexe, car un même phénomène change de sens suivant la force qui se l'approprie : « il y a toujours une pluralité de sens, une *constellation*, un complexe de successions, mais aussi de coexistences »[23].

L'interprétation n'est donc que le résultat provisoire de relations mouvantes entre les forces, qui ne cessent d'entrer en rapport, de former des hiérarchies, de se livrer des combats ; elle n'est pas la saisie par un esprit d'un phénomène intelligible, mais le rapport entre deux *quanta* de forces. L'homme n'interprète pas en tant que sujet épistémologique pur, mais parce qu'il est un être vivant, animé par des volontés de puissance, luttant pour la survie et l'expansion.

La position perspectiviste développée par Nietzsche permet donc d'effectuer une double critique : la critique du fait observable en tant qu'il est interprétation-simplification – il n'y a pas de faits, une « chose » a toujours une pluralité de sens – et la critique du substrat interprétant en tant qu'il est interprétation-fiction – ayant admis que l'interprétation n'est pas une capacité humaine et subjective mais le mode d'être de la réalité comprise comme ensemble de volontés de puissances. Nous tenons alors les deux outils qui vont nous permettre de suivre Nietzsche dans ses différentes offensives contre les notions de sujet, d'individu, de « moi ».

La critique du fait observable permet la dévalorisation de l'introspection et de la « phénoménologie interne » – entendue comme tentative de retranscription du donné conscient[24]. Nietzsche explique ainsi : « Tout ce qui nous devient conscient est d'un bout à l'autre préalablement arrangé, simplifié, schématisé, interprété – le processus réel de la "perception" interne, l'enchaînement causal entre les pensées, les sentiments, les convoitises [...] nous sont absolument cachés – et peut être pure imagination. Ce "monde intérieur apparent" se voit traité selon des formes et des procédures absolument identiques à celles selon lesquelles on traite le monde "extérieur" ».

Mais Nietzsche ne se contente pas de mettre l'introspection sur le même plan que l'observation du monde sensible. Il va en fait jusqu'à opposer[25] radicalement la conscience « développée

[23] Voir G. Deleuze, *Nietzsche et la philosophie*, chapitre 1, « Le sens ».
[24] *FP*, XIII, 11[113].
[25] *FP*, XII, 7[9].

tardivement, chichement, pour des buts extérieurs, sujette aux plus grossières erreurs [...], portant à la grossièreté et à l'amalgame » et « le phénomène du monde sensible, cent fois plus divers, plus subtil, plus précis à observer ». Toute phénoménologie – comme tentative de retranscription du « donné » – est donc vouée à l'échec, mais la phénoménologie introspective est encore plus mensongère que celle qui prend le monde extérieur pour objet.

La posture classique qui, au moins depuis Descartes, tendait à considérer l'intériorité consciente comme le lieu de l'évidence – ou au moins comme un domaine mieux connu que le monde extérieur – est alors complètement renversée. Car l'objet le plus « proche » de « nous » – l'esprit conscient – est alors conçu comme le produit de la plus extrême falsification interprétative. L'observation de celui-ci exige de notre part, encore plus que celle du monde matériel, beaucoup de méfiance et de circonspection.

A cette critique des évidences perceptives de la conscience, qui signifie le renversement d'une tradition philosophique vieille de plusieurs siècles, vient alors s'ajouter la mise en cause de toute idée d'acteur de l'action, de substrat agissant ou interprétant. C'est alors que se noue la critique nietzschéenne du sujet ; car le sujet, c'est justement ce qui naît de l'application de ce principe – « il faut un acteur à un acte » – à ce monde interne dont les phénomènes sont des falsifications et des simplifications.

Récapitulons ainsi la genèse de l'erreur[26] : dans le flux infiniment divers de nos affects, pulsions, instincts, se découpent des « faits », phénomènes qui arrivent à la conscience. Le travail de l'interprétation étant justement d'égaliser et de simplifier cette diversité d'affects[27], celle-ci ne se donne que sous la forme mensongère d'éléments homogènes et commensurables, les « pensées » – alors que les actes mentaux « réels » semblent bien plutôt constitués de complexes de sensations, d'affects, d'instincts, de pulsions, etc..

Ces éléments, ayant été égalisés pour la conscience sous la forme de « pensées », comptent en conséquence comme autant de faits : émerge alors l'idée d'un acte qui serait proprement le « penser ». C'est à ce moment que peut s'élaborer le concept d'un substrat unique

---

[26] *FP*, XIII, 11[113] et *FP*, XIII, 10[19].

[27] Cela, nous le verrons, à des fins, de compréhensibilité et d'efficacité pratique.

capable de produire ces actes équivalents : une substance qui resterait inchangée tout en générant des modifications par ses actes purs. C'est donc là que se construit la fiction du « moi », l'invention du « sujet » comme auteur de ses actes et substrat spirituel.

La critique du « moi » pensant

Qu'est donc le sujet ? Cette fiction qui a pour rôle d'intégrer une pluralité, en permettant de concevoir les prétendus « faits » mentaux comme les actes d'un pur substrat spirituel. Le sujet est l'ultime fiction synthétique, le dernier maillon d'une longue chaîne de falsifications et de simplifications. La valeur de cette fiction subjective n'est pas épistémologique, car elle ne constitue en rien la base de certitudes ou de croyances assurées : elle n'a qu'une utilité pratique. Elle unifie des complexes de sensations, de sentiments, d'affects, et par là les rend plus aisément manipulables et compréhensibles. La croyance au sujet permet d'imputer des responsabilités, des causalités – fausses certes comparées à l'infinie diversité de ce qui advient, mais qui ont l'avantage d'aider à la préhension du monde.

La conscience est en effet cet organe mensonger qui permet à l'être vivant de transformer des dilemmes affectifs infiniment complexe en alternatives simples – entre deux pensées, deux décisions – et d'arbitrer à ce propos. Selon Nietzsche, cette exigence pratique explique seule la naissance de la conscience et de ses fictions : pensée, vouloir, sujet[28].

L'invention du sujet trouve donc sa nécessité dans des exigences vitales de survie ; elle est en conséquence une erreur des plus immédiates, une erreur vulgaire, populaire, presque « instinctive ». Par la suite, elle contamine nos catégories de pensées et notre grammaire. Partant de ces analyses, Nietzsche peut alors démasquer la vraie nature du *Cogito*. Loin d'être une conquête cruciale de la réflexion philosophique qui permettrait d'établir une certitude fondamentale, il n'est que la transposition savante d'un préjugé populaire. Dans le raisonnement du *Cogito ergo sum*, le philosophe

---

[28] *FP*, XII, 2[95], *FP*, XII, 7[9] et *FP*, XIII, 11[145].

entreprend en effet d'appliquer à ce qui lui apparaît comme un donné (« la pensée »), ses préjugés grammaticaux : penser est un acte, à un acte il faut un acteur, un sujet. Il en conclut que le « je » pense, et donc qu'il existe. Mais cette soi-disant certitude repose pour Nietzsche sur un raisonnement circulaire et ne prouve rien, car elle se contente de démontrer l'existence du sujet grâce à des schèmes de pensées qui naissent eux-mêmes de la croyance commune et instinctive au sujet[29] : le sujet logiquement démontré ne serait rien de plus que la forme conceptuelle du préjugé d'un grammairien.

Nietzsche suit donc jusqu'à un certain point la critique kantienne de Descartes, et son renversement du « Je pense » – l'élément déterminant n'étant plus le « je », mais le « pense »[30]. Qu'est-ce qui sépare alors la position nietzschéenne des aboutissements du criticisme, et d'une définition du Je transcendantal comme « Je pense » formel, qui serait l'unification *a priori* du divers, et qui ne pourrait jamais être saisi réellement dans le moi phénoménal ? C'est que la pensée, pour Nietzsche, n'existe pas comme telle. Le sujet n'est pas ce dont on partirait pour produire une critique d'ordre transcendantal ; il est considéré comme un aboutissement, comme la conséquence locale d'un certain mode d'être affectif et, nous le verrons, corporel. La conscience et ses représentations sont des découpages abstraits et falsificateurs dans le tissu des affects et des pulsions. Ceux-ci ne s'effectuent que pour des raisons pratiques, et trouvent leur source dans les nécessités organiques de la survie et de l'expansion.

Nietzsche ne cesse donc de rapporter les différentes déterminations de l'esprit conscient à des structures vivantes, physiologiquement déterminées. C'est cette référence constante à l'organisme, ainsi que le décentrement produit par la subordination de la pensée aux exigences biologiques, qui lui permettent de ne pas s'en tenir aux conclusions du criticisme.

---

[29] *FP*, XI, 38[3].
[30] *PDBM*, §54.

La critique du moi voulant

C'est donc en critiquant l'idée d'un sujet défini comme substrat séparé de ses accidents que Nietzsche estime avoir rendu raison du *Cogito*. Il a pu montrer que le sujet pensé par la conscience réflexive n'était qu'une illusion produite par le jeu des exigences vitales.

Il s'agissait alors de se concentrer sur la notion de « moi » pensant. Mais les mêmes schèmes erronés (« il faut un acteur à un acte ») créent également la croyance au causalisme psychologique, et produisent la fiction d'un « moi » voulant. Pour la pensée métaphysique, telle pensée apparaît comme la cause de telle autre pensée ou action qui lui succède ; la liaison effective semble alors assurée par le « moi » voulant – capable d'accorder à un état mental le statut de « motif » ou de « mobile ».

L'erreur consiste ainsi à penser que le « moi » agit en fonction de l'anticipation imaginaire d'un plaisir, d'une satisfaction, ou encore pour des raisons morales. Mais le plaisir, la douleur, la morale, sont des phénomènes superficiels, nous dit Nietzsche[31]. Ce qui est premier, c'est une excitation originaire qui n'est ni agréable, ni désagréable, mais acquiert ce genre de statut à la suite d'une interprétation consciente. En fait, l'observation attentive du corps vivant et de la vie psychique la plus profonde fait apparaître l'ambivalence fondamentale de la plupart des émotions. Quant à la morale, elle aussi ne consiste qu'en une interprétation seconde d'actions dont les causes réelles résident dans des déterminations corporelles et biologiques. Nietzsche évacue ainsi l'idée selon laquelle on agirait en recherchant le plaisir, ou bien par « devoir » ou pour faire le bien ; dans chaque cas, il entreprend plutôt de rechercher quel type de complexion affective provoque et exige de telles actions, et les interprétations conscientes – plaisir ou morale – subséquentes[32].

C'est sur la question du libre-arbitre que se nouent le plus sûrement le problème moral et la fiction du causalisme psychologique.

---

[31] *FP*, XIII, 11[145].

[32] Toute la Première Dissertation de la *Généalogie de la morale* consiste ainsi à référer un certain type de morale – la morale chrétienne de la faute – au type d'existence physiologique qui en est la condition nécessaire.

Le libre-arbitre en effet, est la forme la plus pure et la plus mensongère du causalisme psychologique, puisqu'elle pense un « moi » capable de choix absolu, cause libre des pensées et des actions. Mais le point qui intéresse le plus Nietzsche est que cette conception, qui pense le sujet comme pure faculté de se déterminer, est requise pour toute pensée de la responsabilité. Rendre l'homme responsable de ses actes, le rendre blâmable afin de produire sa culpabilité, cela nécessite en effet que l'on ait séparé la substance de l'acte, séparé la force de ce qu'elle peut[33], et que dans cette substance et dans cette force on fasse résider quelque chose comme le pouvoir d'agir ou au contraire de retenir sa force. La doctrine du libre-arbitre est donc selon Nietzsche la plus morale, la plus cruelle[34] de toutes les fictions qui naissent de la croyance au sujet. Nous verrons aussi que, de toutes ces fictions, elle est la plus dangereuse pour la vie en ce qu'elle participe d'une interprétation affectivement réactive et vindicative[35].

Critique de l'égoïsme

Certains prédécesseurs de Nietzsche avaient déjà dénoncé la fiction du « moi » libre et moral, mais leur pensée de l'individu était restée prisonnière de préjugés substantialistes. Nietzsche, dans la *Généalogie de la morale*[36], évoque ainsi les « psychologues anglais » – probablement de l'école utilitariste – qui entreprenaient une histoire critique de la morale, en allant démasquer derrière les notions de « Bien » et de « Bon » des évaluations plus triviales en termes d'intérêt d'égoïste. Mais cette analyse, si elle représente un progrès, est encore fautive selon Nietzsche, car elle use de catégories psychologiquement aberrantes. En effet, parler comme d'une évidence de « l'utilité », de « l'égoïsme » ou de « l'altruisme » dénote une

---

[33] *GM*, I, §13.

[34] Nietzsche qualifie ainsi ces croyances : « instruments de torture, systèmes de cruautés, au moyen de quoi le prêtre est devenu maître, est resté maître », *A*, §38.

[35] *GM*, I, §6.

[36] *GM*, I, §1 et 2.

croyance persistante au préjugé du « moi ». Car tout concept d'égoïsme suppose que le moi existe, qu'il soit une unité d'intérêts et de volitions, et qu'on puisse ainsi être « utile » au moi ou à autrui – autrui étant compris comme autre « moi ».

Mais, nous l'avons vu, le « moi » selon Nietzsche n'est pas une unité qui pourrait affirmer face à d'autres son « intérêt égoïste » ; il n'est une fiction synthétique qui vient terminer toute une chaîne de falsifications. L'être le plus réel quand il s'agit de psychologie, n'est pas le moi, mais une pluralité de forces et d'instincts, dont tantôt l'un tantôt l'autre « passe au premier plan en qualité d'ego et considère les autres de loin, comme un sujet considère le monde extérieur qui influe sur lui et le détermine »[37].

Il faut donc substituer, à la pensée d'une unité réelle et substantielle, l'idée d'une unification processuelle capable de produire une unité provisoire et hiérarchique, une unité en tant qu'organisation[38]. Ce que nous prenons pour notre « moi », n'est en fait que l'instance placée de manière transitoire au sommet de la hiérarchie propre à cette unité comme organisation. L'intérêt égoïste n'est pas une évidence ; chaque « intérêt » est en fait une volonté particulière qui découle de la sédimentation momentanée d'un rapport de forces spécifique au sein d'un individu. Les groupements politiques ne sont donc pas des associations de « moi » égoïstes, car chaque « moi » est lui-même le lieu d'une lutte incessante, qui doit être comprise sur un modèle social et hiérarchique[39].

Mais le « moi » est d'autant moins « égoïste » que le matériau initial de cette pluralité en lutte interne se trouvent lui-même dans les rapports sociaux. En effet, les constituants originaires de nos différents désirs, pulsions, caractères, proviennent de nos relations avec autrui. « Ce que les autres nous apprennent, ce qu'ils veulent de nous, ce qu'ils nous disent de craindre ou de rechercher, voilà le matériau initial de notre esprit : les jugements des autres sur les choses. C'est eux qui nous fournissent l'image de nous mêmes par rapport à laquelle nous nous évaluons »[40].L'individu réel est donc une pluralité, dont l'unification synthétique, opérée par le « moi », est

---

[37] *FP*, IV, 6[70].
[38] *FP*, XII, 2[87] et *FP*, XI, 40[42].
[39] *FP*, XI, 40[42].
[40] *FP*, IV, 6[70].

toujours partielle et provisoire. Mais cette pluralité provient d'une pluralité encore plus diverse, puisqu'elle résulte de l'absorption des rapports sociaux.

L'égoïsme est donc un non-sens psychologique total[41] : d'abord parce qu'il n'existe pas d'une instance dernière et définitive dont on pourrait dégager les intérêts, mais aussi parce que les perspectives qui concourent pour la place d'*ego* principal sont de toute manière entièrement construites à partir de rapports sociaux, c'est-à-dire d'évaluations extérieures. Celles-ci traversent nos affects, les modèlent, les dirigent : « Nos propres instincts nous apparaissent à la lumière des interprétations d'autrui : bien qu'ils soient tous foncièrement agréables, les jugements de valeurs qu'on nous a inculqués sur eux les ont tellement chargés de relents désagréables que certains sont même ressentis aujourd'hui comme de mauvais instincts »[42].

La vie intérieure, le repli sur soi, ne constituent pas « une fuite hors de la société mais très souvent une pénible continuation en rêve et une interprétation de nos processus internes selon le schéma de nos expériences précédentes ». L'introspection ne peut mettre au jour aucun *ego* véritable, aucun moi profond. Nos rêveries les plus personnelles empruntent leurs contenus, non à un sol originaire et individuel, mais au monde humain et à la vie concrète : « Les olives et les tempêtes sont devenues une part de nous-mêmes : la Bourse et les journaux aussi »[43].

Le corps comme lieu véritable de l'unification vitale

Les différents avatars du « moi » – l'*ego* logique, le « sujet » libre et moral, l'individu égoïste – ont donc été discrédités : doit-on alors conserver pour l'homme l'idée d'une individualité ? Si oui, à

[41] *EH, PJSBL*, §5.
[42] *FP*, IV, 6[70].
[43] *FP*, IV, 6[80].

quel niveau la situer ?

Le travail nietzschéen de critique s'était jusque-là attaqué à la prééminence du conscient, afin de mettre en lumière le rôle déterminant des instincts et des affects ; les considérations conscientes n'étant que les plus grossières et les plus fictives de toutes les interprétations vitales. Si l'homme vivant peut être pensé comme un « individu », il convient donc de définir cette individualité de manière inconsciente et affective, bref : corporelle.

Le corps, nous explique Nietzsche, est un phénomène infiniment plus divers et subtil que tout ce que l'on a jamais nommé « esprit »[44]. La conscience, cette instance superficielle qui produit le « sujet » comme fiction synthétique, doit avant tout être comprise comme partie du corps, comme un organe du corps. Ce dernier possède quant à lui une forme propre d'unité, très éloignée des unités substantielles que forgeait la métaphysique. C'est cette unité qu'il convient maintenant de définir.

Tout d'abord, le corps est une unité plurielle. Il est une communauté d'organes, une hiérarchie d'instincts : il ne devient « un » que parce que, de la lutte interne dont il est le théâtre, émerge sans cesse une pulsion provisoirement dominante qui parvient à coordonner l'ensemble de cette diversité. En cela, le corps comme individu répond à la pensée anti-substantialiste de Nietzsche qui, nous l'avons vu, ne peut accepter que des unités secondes, organisationnelles, à la manière d'une « formation de domination qui signifie l'Un, mais n'est pas une »[45]. Comme l'explique Zarathoustra : « Le corps est raison, une grande raison, une multiplicité qui a *un* seul sens, une guerre et une paix, un troupeau et un berger »[46]. La production d'un sens unique par cette multiplicité se réalise ainsi dans le miracle de la coordination des organes, dans l'harmonie des gestes réussis, l'accomplissement quasi-infaillible des fonctions vitales.

Mais le corps est également une unité ouverte. Nietzsche, dans sa critique de « l'égoïsme », avait insisté sur l'importance des rapports sociaux et sur la manière dont ceux-ci nous façonnent et nous traversent. Or, seul le modèle corporel permet de penser une individualité ouverte, et branchée sur l'extérieur. Le corps est en effet

---

[44] *FP*, XII, 2[91].

[45] *FP*, XII, 2[87].

[46] *Z*, « Des contempteurs du corps ».

en perpétuelle relation avec son milieu. Il possède certes une intériorité, mais celle-ci est toute relative car elle ne peut se passer d'échanges et de rapports avec un extérieur, que ce soit lors de l'excitation ou de la blessure[47], qui viennent forcer le corps passif à réagir et à se modifier, ou lors de l'assimilation nutritive et assimilatrice[48]. La pensée du corps dans son individualité spécifique permet dont de détruire l'idée d'une unité close, et de subvertir la distinction entre intérieur et extérieur, moi et autrui.

Le corps est donc une unité plurielle, organisationnelle, ouverte en permanence sur l'extérieur. En un mot, nous pouvons dire, en utilisant un vocabulaire spinoziste, que le corps est un mode[49]. Son unité est relative ; elle ne réside pas dans un découpage substantiel ou spatial, mais dans l'organisation des tensions entre forces impersonnelles.

Nous savons que, pour Nietzsche il n'y a dans le monde que des volontés de puissance[50] ; il n'existe donc pas de « choses » ou « d'atomes » – pas d'unités parfaites et closes – mais « des *quanta* dynamiques, dans un rapport de tension avec tous les autres *quanta* dynamiques : dont l'essence réside dans leur relation avec tous les autres *quanta*, dans leur action sur ceux-ci »[51]. L'individu humain comme corps n'est donc jamais qu'un mode spécifique de la force : il correspond à une manière particulière qu'ont les *quanta* de se nouer en un point précis de l'existant. Son unité se réalise dans le jeu des forces et de leurs rapports, dans la construction de hiérarchies fluctuantes ; ce mouvement et cette lutte constituent le mode d'être

---

[47] *FP*, IX, 7[95], 7[86], 7[98].

[48] *FP*, XII, 7[9], *FP*, V, 11[320]. Ces dernières références, ainsi que l'insistance sur cette idée, proviennent du livre de B. Stiegler, *Nietzsche et la biologie*.

[49] Nous choisissons d'emprunter à Spinoza le terme « mode » pour qualifier la conception non-substantialiste des phénomènes que développe Nietzsche. Ce terme semble commode, non pour pas reprendre à notre compte la conception spinoziste avec tout ce qu'elle implique (notamment pour ce qui est de l'éternité des essences singulières), mais afin de désigner une certaine direction d'analyse. Il s'agit de la compréhension relationnelle des êtres, commune à Nietzsche et à Spinoza. Cette disposition mène à considérer une chose, non sous l'angle de sa forme ou de sa substance, mais en fonction 1) de ses rapports internes de vitesses et de lenteurs 2) de sa capacité d'affecter et d'être affecté, c'est-à-dire de ses interactions. Voir G. Deleuze, *Spinoza : philosophie pratique*, « Spinoza et nous ».

[50] *PDBM*, §36.

[51] *FP*, XIV, 14[79].

corporel.

La réussite de cet être corporel dépend de sa capacité à s'insérer efficacement dans le cycle vital des échanges, des conflits, des hiérarchies. Il est sans cesse affecté, modifié, blessé par les forces environnantes, en même temps qu'il tente d'assimiler ou de subordonner celles-ci ; sa puissance propre réside dans sa plasticité vitale. En un mot, le corps est un « système-de-vie »[52].

Par rapport à ce dernier, le conscient doit être « modeste » [53]. En effet, le corps seul émet des exigences, qui sont liées aux nécessités de la survie et aux désirs d'expansion. Les conceptions conscientes, qui animent les « individus » que nous imaginons être[54], ne sont que la répercussion lointaine de ces nécessités : « Nous sommes les bourgeons d'un seul arbre – que savons-nous de ce qu'il peut advenir de nous dans l'intérêt de l'arbre ? »[55].

C'est dans le corps que résident les capacités vitales d'évaluation : « Toujours le soi écoute et cherche : il compare, soumet, conquiert, détruit »[56]. Les sens, la conscience, l'esprit, bref le « moi » ne sont que des outils pour ce « Soi » qui est tout entier hiérarchie, commandement, mode de la volonté de puissance : « Le soi [...] règne et il est aussi le maître qui règne sur l'esprit » [57].

Si le corps est une unité, il est donc une unité pragmatique, qui se fait, se produit, s'accomplit. Qu'est-ce qu'accomplir une unité ? C'est parvenir à réaliser et à maintenir une formation de domination au sein de ce corps qui est toujours une multiplicité. Hiérarchiser les forces qui le peuplent, jouer de leurs tensions (en les combinant et non en les supprimant) pour obtenir une unité seconde, voilà ce à quoi œuvre le corps. En produisant cette unité pragmatique, le corps ne se

---

[52] *FP*, V, 11[7].
[53] *FP*, X, 24[16].
[54] *FP*, V, 11[7].
[55] *Ibid.*
[56] *Z*, « Des contempteurs du corps ». Le « soi » est le terme que Nietzsche met dans la bouche de Zarathoustra pour désigner le corps. Nous choisissons de mettre une majuscule à « Soi », et de l'encadrer par des guillemets – ce que Nietzsche ne fait pas – afin de pouvoir distinguer, au cours du texte, entre le terme spécifiquement nietzschéen qui implique une certaine définition corporelle et modale de l'être, et le terme commun tel qu'il apparaît dans l'expression : « rapport à soi ». Cette majuscule et ces guillemets n'expriment rien de plus.
[57] *Ibid.*

soucie pas de s'auto-comprendre comme unité substantielle : il laisse cette vanité à un seul de ses organes, la conscience : « ton corps [...] ne dit pas "moi", mais il le fait »[58].

[58] *Ibid.*

Chapitre 2 : Vers la subjectivation : critiques et perspectives

Quelle place pour la subjectivité ?

En suivant Nietzsche, nous avons donc mené une critique épistémologique des catégories traditionnelles de la subjectivité. Nous avons établi le caractère illusoire des anciennes conceptions du « moi », et montré la nécessité, pour toute pensée de l'individualité, de prendre comme point de départ le corps vivant. Dans le monde pensé par Nietzsche – ensemble de relations entre volontés de puissance, et non amas de substances – les individus concrets ne sont que des modes passagers de la force, des états de tensions spécifiques entre *quanta* relationnels.

Il semble alors qu'un problème se pose à nous. Car ce geste critique a été accompli par la dévalorisation systématique du conscient au profit du jeu des forces et des affects ; par la critique de l'esprit pensant au profit du corps vivant. Ce retournement semble alors anéantir le problème de la subjectivité ; car si le corps est la seule instance déterminante, alors l'esprit et la conscience ne sont que les reflets aveugles et inconsistants de ce substrat corporel. La subjectivité devient un simple miroir déformant ; elle perd son statut de problème, et son importance conceptuelle.

Pour savoir si Nietzsche accomplit effectivement une élision de la subjectivité, nous devons nous pencher plus précisément sur le statut du corps : est-il réellement une instance dernière de détermination, est-il un avatar « biologique » de la « chose-en-soi » ? Le corps est sans nul doute pour Nietzsche ce qui se tient au-dessous, mais est-il pour autant une véritable « sub-stance » ?

Que nous disent exactement les textes nietzschéens consacrés à la prééminence du phénomène corporel ? Ils nous expliquent que si ce dernier est effectivement « plus riche, plus clair, plus saisissable » que ce qui arrive à la conscience, il ne faut pas pour autant chercher à « démêler » quoi que ce soit de sa « signification ultime »[59]. Serait-ce que le corps, en plus d'être déterminant et seul réel, serait inconnaissable ? Il réunirait alors toutes les caractéristiques d'une version biologisée de la « chose-en-soi ». Mais si Nietzsche met en garde contre la recherche d'une « signification ultime » du corps, c'est plutôt que, pour lui, une telle signification n'existe pas. Le corps se tient certes en dessous de l'esprit, mais il n'y demeure pas de manière univoque et homogène, et ne se définit par l'identité de soi à soi. Le corps, compris au filtre du concept de volonté de puissance, est plurivoque : toujours en déséquilibre, toujours instable, il se tourne fondamentalement vers l'extérieur. Il n'est pas une « substance », mais plutôt « quelque chose qui en soi aspire au renforcement ; et qui ne veut qu'indirectement se "conserver" (qui veut se *surenchérir*) »[60].

Le corps, pensé comme mode de la force, est donc fondamentalement animé par un rapport à ce qui l'entoure : rapport d'appropriation[61], de subordination, de création[62]. Il n'est pas un donné substantiel mais se définit par sa plasticité vitale, sa capacité d'interprétation. A l'instar de la conscience, il ne cesse d'égaliser, de

[59] *FP*, XII, 5[56].
[60] *FP*, XIII, 9[98].
[61] « La vie [est] volonté de puissance, qui, de l'intérieur, se soumet et s'incorpore toujours plus d'"extérieur" », *FP*, XII, 7[9].
[62] « Ce qu'il [le corps] aimerait le mieux : créer par delà lui-même. C'est ce qu'il veut le plus, c'est cela toute sa ferveur », *Z*, « Des contempteurs du corps ».

falsifier, de réduire à l'identique un donné infiniment divers[63].

En concevant le corps, non comme donné substantiel, mais comme capacité plastique d'assimilation, nous pourrions toutefois le concevoir comme une substance en devenir. Son identité ne serait pas donnée, mais à faire : l'unité close constituerait son horizon. Nous devons toutefois dire que la plasticité vitale n'est pas créatrice d'identité. Ce que le corps produit en effet lorsqu'il falsifie le divers extérieur, ce n'est pas une négation totale de l'altérité de ce divers, mais une subordination de celui-ci. Lorsque le corps, mode spécifique de la force, rencontre un autre mode plus faible, « il peut sans l'anéantir [le] transformer en son fonctionnaire et jusqu'à un certain degré former avec lui une nouvelle unité »[64]. Les parties du mode faible qui étaient préhensibles par le mode plus fort – le corps – sont ainsi saisies, « prises » ; elles sont alors traversées par cette force supérieure, intégrées en elle. Mais les parties superflues de ce mode originel – c'est-à-dire ce qui faisait son altérité – ne sont pas nécessairement détruites ; elles sont simplement conservées dans la mémoire organique, mises en sommeil. Et elles demeurent malgré tout présentes dans le corps qui s'est ainsi nourri. Ce dernier accueille donc en lui de la pure altérité, du divers encore-inassimilé. Grâce à la mémoire, qui temporise le divers en le conservant ainsi inopérant – mais prêt à resservir, à resurgir – l'être du corps se caractérise comme une fondamentale non-identité à soi[65].

Nietzsche ne produit donc pas un nouveau dualisme, qui opposerait au corps comme « chose-en-soi » biologisée, un esprit inconsistant et totalement déterminé. Corps et conscience se situent en fait sur le même plan : ils sont deux modes de la force, deux complexes de volontés de puissance. La seule distinction pertinente est une distinction d'échelle : la conscience est une partie du corps, et en cela elle est corporelle. Mais corps et conscience se définissent tous deux comme capacités de falsification, d'interprétation, d'appropriation ; les deux instances sont fondamentalement non-substantielles, non-identiques à elles-mêmes. Comme nous le rappelle

---

63 Nietzsche compare d'ailleurs l'action de l'idioplasme et de la conscience, dans leur travail de mise en forme du divers , *FP*, XII, 2[92].

64 *FP*, XIII, 9[98].

65 *FP*, V, 11[320], *FP*, XI, 36[22]. Sur ces questions, voir à nouveau le livre de B. Stiegler, *Nietzsche et la biologie.*

la célèbre Fable du *Crépuscule des idoles*, Nietzsche n'opère donc pas un simple renversement de la métaphysique – le corps comme chose en soi, l'esprit comme apparence – mais un dépassement de celle-ci : « *En même temps que le monde vrai, nous avons aussi aboli le monde des apparences* »[66].

La conscience fonctionne comme le corps, même si elle lui est subordonnée puisqu'elle constitue un de ses organes. Elle n'a pas moins de réalité que lui ; elle est un mode, animé par des volontés de puissance. La conscience est certes « fausse » et « illusoire » en tant qu'elle s'auto-comprend comme un « moi », un « sujet ». Mais sitôt qu'on la remet à sa juste place – un organe parmi d'autres – elle n'est ni vraie ni fausse. Car on peut alors la saisir sur le plan pragmatique des rapports des forces, où elle ne participe plus de « l'être » ou du « dire », mais, comme le corps, du « faire » et du « produire ».

Si Nietzsche a donc éliminé le « sujet » dans sa conception classique – sujet originel, souverain, fondateur – sa pensée conserve toutefois une place pour la subjectivité. Car, nous l'avons dit, la conscience n'est pas simplement le reflet faussé du corps, mais un organe de ce dernier – et à ce titre, elle possède une forme d'effectivité. La pensée nietzschéenne lui accorde certes infiniment moins de pouvoir et d'importance que ne le fait la métaphysique traditionnelle, mais elle ne l'élimine pas pour autant. La subjectivité n'est plus le point de départ de la réflexion philosophique, et le lieu de toutes les certitudes : pour autant, elle n'est pas « rien ».

La conscience est donc un organe effectif, un mode de la force ; or un organe peut être utilisé de plusieurs façons, et un mode de la force peut se composer de diverses manières. La critique nietzschéenne du « sujet », malgré sa virulence, laisse donc théoriquement ouverte la possibilité de subjectivités différentes et nouvelles ; car rien n'oblige en effet à penser que la conscience devrait inéluctablement se comprendre d'après les catégories métaphysiques du « sujet » substantiel et moral. Parce qu'il replace l'esprit et la conscience sur le terrain pragmatique des forces corporelles, Nietzsche s'autorise donc à penser une subjectivité plurielle. En important une terminologie foucaldienne, nous affirmons donc que la pensée nietzschéenne permet la prise en compte de la

---

[66] *CDI*, « Comment, pour finir, le "monde vrai" devint fable ».

diversité potentielle des *modes de subjectivation*[67]. La notion de « subjectivation » nous semble utile car, même si Nietzsche ne l'utilise pas – elle provient de Foucault – elle recouvre la façon spécifiquement nietzschéenne de penser le rapport à soi : non comme quelque chose de donné, dans l'évidence d'un sujet fondateur et originel (l'*ego* transparent de la métaphysique, le « moi » moral du christianisme), mais comme une modalité construite et variable.

Du critère épistémologique au critère généalogique

Un second problème semble alors se poser. Car lorsque nous avons, avec Nietzsche, mené une critique épistémologique des catégories traditionnelles de la subjectivité, nous l'avons fait au nom d'un schème de pensée qui ne se soucie plus du vrai ou du faux. En effet, c'est seulement le perspectivisme nietzschéen – et sa critique du « fait » au profit de « l' interprétation » – qui nous a permis de récuser les prétentions à la vérité des conceptions métaphysiques et substantielles du « moi ». Mais si nous tirons les conséquences ultimes de ce perspectivisme, nous devons admettre qu'il n'y a absolument pas de « vérité » des choses, mais seulement une multitude d'interprétations possibles. Le perspectivisme, l'individu humain comme mode : ces théories sont également des interprétations, qui doivent s'assumer comme telles[68].

Mais en ce cas, comment Nietzsche peut-il fonder la supériorité de l'interprétation perspectiviste sur l'interprétation substantialiste ? Comment justifie-t-il l'abandon des catégories traditionnelles du « sujet » au profit d'une conception corporelle de l'individu pensé comme mode ? Puisque nous avons renoncé à la « vérité » comme critère transcendant, l'évaluation ne peut se faire

---

[67] Un certain « mode de subjectivation » désigne pour Foucault une façon spécifique de se rapporter à soi, et de se constituer comme sujet moral. Voir par exemple Voir M. Foucault, *L'Usage des plaisirs*, Introduction, « Morale et pratique de soi ».

[68] « En admettant que ceci aussi ne soit qu'une interprétation – et n'est-ce pas aussi ce que vous vous empresserez de me répondre ? – eh bien, tant mieux. », *PDBM,* §22.

que de manière immanente.

Sur le plan purement théorique tout d'abord, les interprétations nietzschéennes – le perspectivisme en général, la conception modale de l'individu en particulier – peuvent apparaître comme supérieures en ce qu'elles sont plus larges et plus plastiques. Elles parviennent à rendre compte des interprétations précédentes puisqu'elles retracent leurs genèses, et éclairent leurs compréhensions. Ainsi, dans une optique perspectiviste, chaque preuve d'efficacité d'une théorie concurrente peut être considérée comme l'occurrence d'un cas particulier de l'interprétation du monde comme volonté de puissance[69]. De même, la conception modale de l'individu permet de comprendre l'émergence des concepts fallacieux de « sujet » ou de « moi » substantiel : elle la comprend comme la conséquence de la faculté d'interprétation/falsification, inhérente à toute volonté de puissance, mise en œuvre pour répondre à des exigences vitales.

La pensée nietzschéenne semble donc prouver sa supériorité comme interprétation, en tant qu'elle englobe les autres interprétations. Mais cette prééminence est uniquement théorique, et ne se constate que par abstraction. La théorie de la volonté de puissance emporte la conviction face à une théorie substantialiste ou atomiste : peut-on dire pour autant qu'elle soit « meilleure » ? En effet, dans un monde nietzschéen fait uniquement de volontés de puissance, une pensée ne peut se justifier que si elle permet d'intensifier la puissance de celui qui la prend à son compte. L'important n'est donc pas la force de conviction d'une théorie, mais la capacité de cette théorie – ou de ce système de catégories – à augmenter le degré de puissance de l'individu qui l'aurait assimilé.

La pensée nietzschéenne se trouve donc face à un problème. Car certes, pour accomplir la première étape du processus critique, Nietzsche devait dénoncer la prétention à la vérité des catégories substantialistes du « moi », et imposer le schème de la volonté de puissance. Cette tâche accomplie, le cadre de pensée se trouve changé ; la « vérité » se voit donc abandonnée comme critère d'évaluation, et désormais une pensée ne peut se justifier que par

---

[69] Ainsi, l'instinct de conservation peut être vu comme un cas particulier de l'instinct d'expansion, c'est-à-dire de la volonté de puissance, voir *PDBM,* §13.

l'augmentation de la puissance qu'elle permet[70].

Pour mener à présent jusqu'à son terme la critique du « sujet » traditionnel de la métaphysique, une analyse purement épistémologique de cette catégorie ne suffira pas. Nietzsche devra mener une critique généalogique[71] des actes dans lesquels de telles catégories s'incarnent, c'est-à-dire des actes de subjectivation propres à la métaphysique ; il faudra juger leurs effets sur l'individu. La question ne sera alors plus : « les catégories traditionnelles de la subjectivité sont-elles vraies ou fausses ? » mais : « ces catégories naissent-elles d'une attitude affirmative ou négative ? Permettent-elles

[70] Ce passage, d'une critique épistémologique de la morale, à une considération de sa valeur pour la vie, était annoncé dès le *Gai savoir* : « Le défaut des plus subtils d'entre eux [les historiens de la morale] revient à découvrir et à critiquer les opinions peut-être insensées d'un peuple sur sa propre morale ou des hommes sur toute morale humaine, donc sur l'origine de cette dernière, sur ses sanctions religieuses, sur la superstition du libre arbitre et autres choses de cet ordre, et à s'imaginer par là d'avoir critiqué cette morale même. Mais la valeur d'un précepte tel que « tu dois » reste encore foncièrement différente et indépendante de semblables opinions sur ce même précepte comme de l'ivraie d'erreur qui a pu l'envahir, aussi certainement que l'efficacité d'un médicament reste absolument indépendante des opinions du malade [...] Une morale peut fort bien être *née* d'une erreur : cette constatation n'aurait pas même effleuré le problème de sa valeur. Nul jusqu'à maintenant n'a donc encore examiné la valeur de la plus fameuse des médecines, nommée morale [...] Eh bien ! C'est là justement notre entreprise. », *GS,* §345.

[71] La critique généalogique consiste à référer des pensées et des énoncés au mode d'être affectif qui les a rendus possible, afin de juger de leur valeur pour la vie. Une conception ou une catégorie étant donnée, on se demandera si elle naît d'un état de force croissant, actif, affirmatif, ou au contraire décroissant, réactif, négatif. Ayant tracé le portrait de l'idiosyncrasie correspondant à une conception spécifique, nous aurons suffisamment d'indices pour prolonger l'analyse, et parvenir à déterminer les effets de cette conception sur le degré de puissance de celui qui la prend à son compte. Ce que nous nommons la critique « médicale » ou « pragmatique » effectuée par Nietzsche – car elle se situe sur le plan des forces, et juge les phénomènes en fonction de leur valeur pour la vie et l'augmentation de la puissance – a donc deux aspects : évaluation de l'origine (une pensée naît-elle d'un état de santé ou d'un état morbide ? de quelle qualité de la force et de la volonté de puissance correspondante dépend-elle ?), évaluation des effets (qui en général découle de la première évaluation : cette pensée augmente-t-elle ou diminue-t-elle la puissance ?). Pour plus de précisions et de distinctions concernant les qualités de la force (active/réactive) et de la volonté de puissance (affirmative/négative), voir G. Deleuze, *Nietzsche et la philosophie*, chapitre 2, « La terminologie de Nietzsche ». Nous ne reprenons pas ici toutes ces distinctions.

à l'homme qui les utilise de s'accomplir le plus possible, d'atteindre au maximum de puissance ? ».

L'évaluation généalogique et pragmatique du mode de subjectivation métaphysique

Nous avons donc admis que démontrer le caractère simplement « fallacieux » des catégories traditionnelles du « moi » ne permettait pas, d'un point de vue perspectiviste, d'en effectuer la critique. Pour dévaluer véritablement ces catégories métaphysiques (le « moi », le « sujet ») il faut prouver que celles-ci forment un obstacle à l'augmentation de la puissance de celui qui les prend à son compte ; il faut montrer qu'elles étouffent et enserrent ses possibilités de vie. Il s'agit donc de mener à présent une critique généalogique, médicale et pragmatique de ces catégories : nous devons retracer l'histoire des actes de subjectivation dans lesquelles elles s'incarnent, analyser et évaluer les effets qu'elles produisent.

C'est dans *La généalogie de la morale* que Nietzsche entreprend cette mise en question ; il ne critique plus les catégories substantialistes du moi, mais les actes de subjectivation propres à la morale métaphysique. Car en faisant l'histoire généalogique de la morale, Nietzsche entreprend du même coup une histoire de la conscience et de la réflexivité[72]. Ce que nous apprennent ainsi les deux premières dissertations de la *Généalogie*, c'est que l'apparition et

---

[72] Nous nous inspirons ici de la lecture de *La généalogie de la morale* qu'effectue J. Butler dans *Le récit de soi,* « Scènes d'interpellation ». Dans notre introduction, nous avions certes annoncé vouloir contredire les conceptions de J. Butler quant au caractère uniquement critique de la pensée nietzschéenne du sujet, mais nous pensons que cette erreur est principalement due à la non-prise en compte d'*Ecce Homo*. L'interprétation par J. Butler de la *Généalogie de la morale* nous semble, de son côté, pertinente et féconde ; nous critiquons simplement l'idée selon laquelle Nietzsche considérerait les phénomènes analysés dans ce livre comme les seules manifestations possibles de la subjectivité réflexive.

l'utilisation des catégories métaphysiques du soi (le « moi », le « sujet ») sont indissociables d'un ensemble de pratiques et d'affects, ainsi que d'un état historico-social déterminé. L'acte de subjectivation en termes de « moi » substantiel et responsable est ainsi analysé comme le corrélat d'un système judiciaire et punitif particulier, qui induit une certaine pratique du châtiment.

Le châtiment est en effet, selon Nietzsche[73], ce qui permet de créer et de renforcer une mémoire ; il a une fonction avant tout mnémotechnique. Lorsque les prêtres, la caste sacerdotale[74], s'emparent du système judiciaire et du châtiment[75], cette fonction mnémotechnique est mise au service d'un apprentissage de la responsabilité, au cours duquel l'agressivité est intériorisée et retournée contre soi[76]. Nous ne commençons ainsi à rendre compte de nous-mêmes dans des termes substantiels (un « moi » doté d'efficacité causale, qui peut donc agir sur d'autres « moi »), que parce que nous sommes interpellés par un système judiciaire et punitif qui considère que nous pouvons rendre compte de nous-mêmes, et que celui-ci nous soumet à la menace du châtiment.

Une fois effectuée cette généalogie de la subjectivation substantielle, nous pouvons tenter à son propos une critique « médicale » et « pragmatique ». C'est-à-dire qu'il nous faut tenter de savoir quel état de la force et de la volonté de puissance elle révèle. Ceci fait, nous pourrons tenter d'en repérer les effets pour la vie : cette conception intensifie-t-elle ou diminue-t-elle le degré de puissance de ceux qui la vivent ?

Nous pouvons tout d'abord résumer les différentes caractéristiques du mode de subjectivation que nous avons appelé « substantiel », mais que nous pourrions aussi nommer « moral »,

---

[73] *GM,* II, §16.

[74] Amenant avec eux leur système de valeurs, qui relève d'une vie faible et incapable, et qui, en réaction à la violence des « forts », sépare la force de ce qu'elle peut, remplaçant le couple de valeur « Bon/Mauvais » par la dyade : « Bien/Mal ». Seul une telle complexion affective, celle du ressentiment, peut forger la croyance au sujet, et donc à la responsabilité. Voir *GM,* I, 13.

[75] Voir *GM,* II,13, où Nietzsche explique la multitude des sens possibles du châtiment (donnant ici un exemple de phénomène plurivoque, qui change radicalement de signification en fonction des forces qui le traversent et s'en emparent).

[76] Les prêtres et les faibles transforment leur propre ressentiment en mauvaise conscience qu'ils distillent en chacun, voir *GM* I et II.

« métaphysique » ou « responsabilisant ». Tout d'abord, il naît de la peur d'un châtiment, et du désir de se justifier en rendant compte de soi afin d'éviter la punition. Deuxièmement, dans l'acceptation par l'individu de l'interpellation[77] effectuée par l'accusation, se crée le sentiment de la responsabilité, et donc de la faute qu'il s'agit de racheter – à l'issue du développement de ce mode de subjectivation (dans le monothéisme), la faute deviendra d'ailleurs infinie, impossible à racheter[78]. C'est alors cette acceptation de l'interpellation qui provoque l'acte de subjectivation, puisque l'individu se rapporte alors à lui-même dans les catégories implicites de l'accusation ; c'est-à-dire en termes de « moi » et de sujet responsable.

Ce type de subjectivation ne naît donc pas d'une affirmation de soi ou d'une attitude active, mais constitue une pure réaction défensive face à une stimulation extérieure et menaçante. Il ne relève pas d'un sentiment de force surabondante et vigoureuse, mais naît de la peur et du désir de se justifier. Enfin, il n'induit pas un acte novateur de création, puisque la subjectivation s'effectue dans les termes et les catégories d'autrui (ici : le système judiciaire et punitif), et s'incarne dans une posture de soumission.

L'analyse généalogique de l'acte de subjectivation dans lequel s'incarnent les catégories substantialistes du « moi » donne donc lieu à une qualification très critique de celui-ci : la complexion affective qui le produit est négative, réactive ; elle ne relève ni de la croissance, ni de la santé, ni de l'affirmation. Les effets produits par ce mode de subjectivation semblent eux-aussi négatifs : en effet, la compréhension

---

[77] On voit ainsi l'intérêt du concept « d'interpellation », que J. Butler va chercher chez Althusser. En acceptant de répondre à l'accusation, l'individu prend implicitement à son compte les présupposés de celle-ci (nous sommes des êtres responsables qui devons rendre compte de nous-mêmes). Le système judiciaire procède par interpellation lorsqu'il s'agit d'inculquer la mauvaise conscience ; mais l'extension de ce concept n'est pas limité au domaine punitif. Les procédures d'interpellation ne cessent en fait de structurer le monde social, et de réaffirmer l'ordre qui est le sien, en assignant aux individus des rôles de sujets responsables. Le concept d'interpellation permet de comprendre la manière dont les normes sont imposées ; la fonction mnémotechnique du châtiment, décrite par Nietzsche, explique de son côté l'efficacité des interpellations.

[78] C'est l'idée chrétienne de péché originel. Dans l'analyse nietzschéenne de l'Evangile, Jésus-Christ, en mourant sur la croix, ne prend pas sur lui la faute, mais simplement le châtiment (c'est-à-dire la souffrance). La dette de l'homme envers Dieu reste infinie malgré le sacrifice christique.

de soi dans des termes substantiels et responsabilisants a tout d'abord pour conséquence de soumettre l'individu à un principe de cohérence et de non-contradiction. Forcé de fournir à propos de lui-même un récit unifié et convaincant, de retracer sa propre histoire en termes de causes et d'effets, d'actions libres et responsables, il est contraint de simplifier celle-ci et d'évacuer tout ce que son existence peut avoir de disparate et d'apparemment contradictoire. Le développement de la mauvaise conscience chez l'individu par le système d'interpellation morale conduit de plus celui-ci à considérer nombre de ses désirs, instincts et pulsions, comme foncièrement mauvais et coupables.

L'homme qui se prend pour un « moi » unique se condamne à laisser de côté des pans entiers de son être, à ignorer ou à haïr nombre de ses expériences. Comme le dit Foucault, le fait de comprendre le sujet humain comme objet de savoir – et donc comme objet d'un possible discours vrai – a un prix[79]. Ici, le prix est non seulement une grande souffrance de l'être humain[80], mais aussi la désaffection de l'individu pour ce qu'il peut y avoir en lui-même de plus problématique et de plus intéressant.

Enfin, l'homme soumis au travail d'inculcation morale par les prêtres finit par souscrire à leur système de valeurs ; cependant qu'il adopte les catégories d'autrui pour se définir lui-même – le « moi », le sujet responsable, etc.. – il prend du même coup à son compte les perspectives morales correspondantes. Au lieu de songer à la santé de son corps ou à la réalisation de soi, l'individu finit par poursuivre des buts idéaux. Il dirige son existence en fonction du « Bien », et se forge en conséquences des règles de vie malsaines et contraires à l'intérêt de l'organisme[81]. En fin de compte, l'homme modelé par la morale

---

[79] Voir M. Foucault, « Structuralisme et poststructuralisme » in *Dits et écrits IV*.

[80] La souffrance vient du fait que l'homme touché par la mauvaise conscience en vient à se haïr lui-même, à se détester sans rémission possible. Dans un texte déjà cité plus haut, nous avons ainsi vu que Nietzsche qualifiait la doctrine de la responsabilité et du libre arbitre d' : « instruments de torture, systèmes de cruautés, au moyen de quoi le prêtre est devenu maître, est resté maître », *A,* §38. Dans *La généalogie de la morale*, il parle à ce propos de « métaphysique du bourreau ». Les souffrances ainsi désignées sont celles de l'homme « moralisé », torturé par la mauvaise conscience, qui commence à haïr ses propres instincts, à se sentir sans cesse coupable, et à qui l'innocence est à jamais interdite.

[81] Ainsi, dans le pire des cas, de l'ascèse et des mortifications.

devient ennuyeux, excessivement simple et plat. Ses perspectives de vie se réduisent ; il se révèle à la fois inoffensif et sans avenir[82].

Vers de nouveaux modes de subjectivation

L'analyse généalogique et pragmatique du mode de subjectivation métaphysique a donc donné lieu à une qualification très critique de celui-ci. Nous avons pu, en suivant Nietzsche dans son travail patient de diagnostic, mettre à jour la véritable nature de ce dispositif moral : tout d'abord, il naît d'une attitude réactive, faible et craintive ; par la suite, il enserre, emprisonne, affaiblit l'homme. Il le force à se méconnaître et à se haïr. Loin de produire une intensification de la puissance, une augmentation des possibilités de vie, il ne cesse au contraire de diminuer les individus, de les dresser pour les rendre à la fois dociles et inintéressants.

Nous sommes à présent convaincus du caractère nuisible de ce mode de subjectivation : de ce fait, nous apercevons l'intérêt d'une nouvelle pensée du soi. Oui, la recherche de nouveaux modes de subjectivation mérite d'être poursuivie. Il est possible et souhaitable de tenter la libération de ces forces contenues dans l'homme, qui se trouvent emprisonnées dans les rets conjugués des catégories métaphysiques de la subjectivité (« moi », « sujet ») et de la morale de la mauvaise conscience (« Qu'as-tu fait ? Qui es-tu ? Justifie-toi ! »).

Que sera cet hypothétique nouveau mode de subjectivation ? Quel modèle suivra-t-il, quelles catégories empruntera-t-il ? Ne devons nous pas tout d'abord penser qu'il consistera simplement en la compréhension de soi, non plus dans les catégories traditionnelles du « moi » et du « sujet », mais à l'aide des conceptions nietzschéennes du corps modal ? Nous avions dit que ces catégories-là étaient les

---

[82] « Le rapetissement et le nivellement de l'homme européen cachent notre plus grand danger, ce spectacle rend l'âme lasse [...] Ayant cessé de craindre l'homme, nous avons aussi cessé de l'aimer, de le vénérer, d'espérer en lui, de vouloir avec lui. L'aspect de l'homme nous lasse aujourd'hui. – Qu'est-ce que le nihilisme, si ce n'est cette lassitude-là ? ... Nous sommes fatigués de l'*homme* », *GM*, I, §12.

meilleures, qu'elles permettaient la compréhension la plus puissante et la plus fine de l'individu. Il est tentant de supposer qu'elles formeront en conséquence la meilleure base possible pour un mode de subjectivation plus puissant. Il serait alors simple d'effectuer ce dernier : nous n'aurions qu'à « appliquer » au rapport à soi les catégories de l'individu modal et corporel, en lieu et place des anciens schèmes métaphysiques.

Cette vision relève naturellement d'une conception tronquée de ce qu'est un mode de subjectivation. Comme nous l'avions déjà noté lorsqu'il s'était agi de justifier le passage du critère épistémologique au critère généalogique[83], on ne peut réduire un mode de subjectivation aux catégories dont il use. Un mode de subjectivation est inséparable d'une multitude d'actes concrets, dont le récit de soi en des termes déterminés – par exemple, en termes de « moi » – ne constitue qu'une partie. L'usage conscient de catégories spécifiques dans la compréhension de soi est simplement l'aboutissement d'un processus global bien plus complexe ; pour être compris, il doit être corrélé à des pratiques vitales.

En conséquence, le changement de mode de subjectivation ne se décrète pas. Il ne s'effectue pas non plus à la suite d'une enquête purement intellectuelle, comme celle que nous venons d'effectuer en nous aidant des textes nietzschéens. Il ne peut se produire qu'au cœur d'une tentative concrète et pragmatique pour vivre et se comprendre différemment. Cette tentative, ce sera *Ecce Homo*. Et c'est sous l'angle des actes de subjectivation que ce texte réalise, c'est-à-dire en considérant les effets qu'il produit, que nous allons l'analyser[84].

Nous avons donc dit que l'invention de nouveaux modes de subjectivation nécessitait une effectuation concrète en ce sens. Un véritable changement dans ce domaine ne peut découler de l'application formelle de catégories inédites aux modalités du rapport à soi, mais doit se réaliser dans la pratique. Cependant, nous ne

---

[83] Dans le cadre de l'évaluation des modes de subjectivation.

[84] Nous avions déjà évoqué dans notre Introduction l'aspect « productif » et « pragmatique » que revêtait selon nous l'écriture d'*Ecce Homo*. Nous rappelons ici ce point, dans la mesure où cet angle d'étude se trouve à présent justifié par les développements que nous avons menés sur le passage nietzschéen de la critique épistémologique à la critique généalogique ; c'est-à-dire du domaine des idées et du sens au domaine de la pratique et des effets. Nous reviendrons plus tard sur le statut d'acte concret et productif accordé à *Ecce Homo*.

sommes pas pour autant complètement ignorants dans le temps qui précède la mise en acte de cette pratique ; et la tentative ne s'effectue pas à l'aveugle.

D'une part en effet, nous pouvons tenter de savoir quel genre de pratiques et d'actes vitaux favoriserait l'émergence d'un type de subjectivation différent. Nous avons vu que le mode de subjectivation métaphysique provient d'une attitude réactive, défensive. Il prend sa source dans la crainte du châtiment, et dans le désir de se justifier face à autrui ; il s'effectue dans l'interpellation, et dans la réponse positive de l'accusé à cette interpellation – qui mène ce dernier à rendre compte de lui-même dans les catégories de l'interpellant. La morale de la subjectivité est donc fondamentalement une morale d'accusés, de faibles, d'esclaves : en quoi est-ce alors étonnant qu'elle ne cesse de réprimer et d'enfermer l'homme ? La généalogie nous a en effet appris qu'on ne pouvait séparer la bassesse d'une pensée, d'une catégorie ou d'une évaluation, de la bassesse plus générale du mode de vie qui la rend possible[85].

En conséquence, nous avons tout lieu de penser que l'émergence d'un meilleur mode de subjectivation – affirmatif et créateur – ne sera possible qu'au cours d'un acte référant à un style vital profondément différent. Il s'agira de penser un discours sur soi qui ne soit plus tenu en réaction à une sollicitation extérieure – telle l'interpellation – mais qui justifie lui-même son déploiement. Il ne devra plus être causé par la crainte et un désir de justification, mais relever d'une tendance agonistique à l'affirmation. Enfin, cet acte de subjectivation devra créer ses propres catégories, en un geste essentiellement artiste, au lieu d'utiliser servilement celles qu'un locuteur extérieur (par exemple, un juge) lui impose.

D'autre part, ayant établi cette description préliminaire du type d'acte vital capable de produire un mode de subjectivation supérieur, nous pouvons également tenter de subodorer la nature même de ces futures modalités du rapport à soi. En effet, avant même l'écriture d'*Ecce Homo*, Nietzsche avait formulé des idées qui

---

[85] « C'est pourquoi nous avons toujours les croyances, les sentiments, les pensées que nous méritons en fonction de notre manière d'être ou de notre style de vie. Il y a des choses qu'on ne peut croire qu'à condition d'évaluer "bassement", de vivre et de penser "bassement". », voir G. Deleuze, *Nietzsche et la philosophie*, chapitre 1, « Le concept de généalogie ».

constituaient autant de directions permettant d'imaginer les modes de subjectivation à venir. Les textes nietzschéens ne livrent à ce propos que de minces indications ; nous allons malgré tout tenter d'esquisser ces pistes.

Ce qui a tout d'abord été établi au cours de la critique généalogique du mode de subjectivation métaphysique, c'est que le fait d'amener l'individu à se prendre pour un « moi » – substantiel, cohérent, responsable – a pour conséquence de limiter et d'enserrer les véritables possibilités de vie recelées par son être corporel. Comme nous l'avions expliqué précédemment, un « moi » substantiel est en effet soumis au principe de non-contradiction. L'homme qui répond aux interpellations du système moral métaphysique est donc forcé de laisser de côté ou de haïr tout un pan de son être. Il ne peut prendre en compte simultanément les plus disparates de ses affects, et finit par se simplifier, renonçant par-là à une part de ses potentialités.

En réponse à la claustration induite par un tel rapport à soi, Nietzsche, bien avant d'écrire *Ecce Homo*, indiquait à ses lecteurs la direction inverse, celle de la perte et de l'oubli du moi : « Cesser de se sentir soi-même comme un tel ego fantasmagorique ! Apprendre pas à pas à rejeter le prétendu individu ! [...] ALLER par delà "moi-même" et "toi-même", EPROUVER D'UNE MANIERE COSMIQUE »[86].

Ici, donc, pointe l'idée de ce que nous appellerons un projet de « désubjectivation » ; celui-ci constitue la première des pistes à explorer dans la recherche de nouveaux modes de subjectivation. Il arrive certes parfois que cette désubjectivation souhaitée par Nietzsche s'envisage au prix d'une re-subjectivation aux accents étrangement idéalistes. Ainsi, dans un autre aphorisme de la même époque, Nietzsche exprimait son rejet des interprétations en termes de « moi » et « d'autrui » au profit d'une pure préhension intérieure et affective des idées vraies : « Il y a quelque chose de nouveau à créer : ni *ego*, ni *tu*, ni *omnes* [...] Nous LAISSER POSSEDER par les choses (et non par les personnes) et cela par un ensemble assez vaste de *choses vraies* ! *Reste* à attendre ce qui peut croître à partir de là : nous sommes une *terre arable* pour les choses. A partir de nous doivent croître des *images de l'existence* : et nous devons être tels que nous y oblige cette fertilité : nos penchants, nos aversions, seront ceux de la

[86] *FP*, V, 11[7].

terre qui portera de semblables fruits. Les images de l'existence ont jusqu'alors été *la chose la plus importante* – elles règnent sur l'humanité »[87].

Cette pensée est certes encore très nettement entachée d'idéalisme[88], et trouve par ailleurs de nombreux échos avec la conception spinoziste de l'idée adéquate[89] ; mais ce que nous nous contentons de retenir pour l'instant, c'est que Nietzsche indique fermement la voie de la « désubjectivation ». La seule façon de trouver « quelque chose de nouveau », c'est d'abord de perdre son « moi ».

L'autre tare de l'ancien mode de subjectivation consistait en l'absurdité des règles morales qu'il énonçait et renforçait. Se comprendre comme un « sujet responsable » devant la morale menait en effet à vivre sa vie selon les critères du Bien et du Mal ; se prendre pour un « moi » substantiel égoïste revenait à guider son existence en fonction de son « intérêt »[90]. Or, Nietzsche l'a montré, ces notions – le Bien, ou l'intérêt du « moi » – sont de pures fictions. Diriger sa vie courante sur des critères aussi fallacieux peut avoir des conséquences désastreuses, d'autant qu'en ce domaine les décisions conscientes sont d'une importance cruciale pour la santé de l'individu corporel[91].

A l'encontre de ces conceptions absurdes du « moi », qui ont pour conséquence des morales destructrices, Nietzsche veut penser un mode de subjectivation capable de prendre véritablement en compte la santé du corps. En lieu et place de l'égoïsme naïf des utilitaristes, Nietzsche espère un nouvel égoïsme[92]. L'ancien égoïsme tenait l'*ego* pour quelque chose de connu, et son intérêt pour une évidence ;

---

[87] *FP*, V, 11[21].

[88] Idéalisme non pas au sens rigoureusement conceptuel du terme, mais au sens nietzschéen. Ici l'idéalisme vient d'une croyance persistante en la vérité, et en la possibilité d'une correspondance entre pensée et être.

[89] A peu près à la même époque, Nietzsche, dans une lettre à Overbeck (du 30 juillet 1881) se dit admirateur et successeur de Spinoza.

[90] L'intérêt de l'égoïsme naïf n'a rien de personnel ou d'individuel, puisqu'il est en fait la conséquence d'injonctions sociales intériorisées : « ils ne songent qu'à eux-mêmes, mais à "eux-mêmes" pour autant que l'ego se trouve développé par l'affect formateur du troupeau », voir *FP*, V, 11[226].

[91] « Tu dis que la nourriture, le lieu, l'air, la société te changent et te déterminent ? Or, tes opinions le font bien plus encore, car celles-ci te déterminent à choisir telle nourriture, tel lieu, tel air, telle société », *FP, GS,* 11[143].

[92] *FP*, V, 11[226].

Nietzsche nous a montré que celui-ci naissait en fait, non d'un moi profond et substantiel, mais d'un matériau social intériorisé.

Mais quand les illusions métaphysiques se seront dissipées, quand l'homme aura cessé de se prendre pour un « moi » clos et substantiel[93], alors un égoïsme fort et prometteur sera possible. Celui-ci devra reposer, non sur des certitudes trompeuses, mais sur un travail d'interrogation permanent[94], permettant de construire une sagesse pratique des rencontres, des compositions, des affects. Seule une telle sagesse sera à même de favoriser la santé du corps, et d'intensifier la puissance des individus. La morale ne sera plus imposée de l'extérieur, au cours d'un travail permanent d'interpellation et d'inculcation, qui joue du châtiment et de la mauvaise conscience pour obtenir le dressage des individus humains. Elle sera dorénavant élaborée par chacun, constituera une création individuelle. Son critère ne sera plus le « Bien » ou une autre fiction consciente, mais l'intérêt supérieur du corps comme mode de la force, « système-de-vie ».

En résumé donc, avant même l'écriture d'*Ecce Homo* comme tentative de subjectivation novatrice, nous avons l'idée de ce que pourrait être ce nouveau type d'acte de subjectivation : il relèverait non d'une posture craintive et d'un désir de justification, mais d'une attitude agonistique d'affirmation. Il ne mènerait pas à rendre compte de soi humblement, dans les catégories d'autrui, mais s'effectuerait au cours d'un acte véritablement créateur, permettant l'invention d'un nouveau langage. Nous pouvons donc qualifier l'acte à venir en termes de *style vital* : l'action plutôt que la réaction, l'attaque plutôt que la soumission, la création plutôt que la reprise servile.

Nous avons également devant nous deux voies, deux pistes esquissées pour imaginer un nouveau type de rapport à soi. Premièrement, nous savons que ce rapport à soi devra être inventé au cours d'un processus indispensable de désubjectivation, grâce auquel l'individu parviendra à s'échapper concrètement, et sur le plan de la

[93] C'est-à-dire à l'issue du travail de désubjectivation.

[94] « Pourquoi vis-tu ici ? Pourquoi fréquentes-tu celui-là ? Comment en es-tu venu à cette religion ? Quelle sorte d'influence tel ou tel régime exerce sur toi ? Est-ce pour toi que cette maison a été bâtie ? etc.. », voilà le genre de question que devrait poser une morale de l'égoïsme supérieur, voir *FP,* V, 11[226].

pratique[95], des rets de la subjectivité métaphysique. Deuxièmement, nous comprenons que ce nouveau mode de subjectivation devra permettre l'élaboration d'une morale dont le critère sera, non pas transcendant, mais purement immanent : l'augmentation de la santé, l'intensification de la puissance. C'est en ce sens que devra être élaboré un « égoïsme supérieur ». Voici donc l'angle sous lequel nous allons entreprendre d'étudier *Ecce Homo* : comme un acte vital qui tente d'inventer un nouveau mode de subjectivation.

---

[95] Nietzsche aurait pu sur ce point souscrire à l'affirmation deleuzienne : « En vérité, il ne suffit pas de dire Vive le multiple, bien que ce cri soit difficile à pousser [...] Le multiple, *il faut le faire* », voir G. Deleuze et F. Guattari, *Mille plateaux*, « Rhizome ».

Les modes de subjectivation dans Ecce Homo

Chapitre 1 : Considérations préliminaires

Le statut d'*Ecce Homo*

Le travail de Nietzsche a jusqu'ici consisté à détruire des illusions, à combattre des fictions, et tout au plus à esquisser quelques directions. Ainsi, Nietzsche a commencé par mener une critique épistémologique des catégories traditionnelles du « sujet » : nous savons maintenant qu'il est vain de vouloir saisir par la pensée un moi véritable ou substantiel. Toute subjectivité doit dorénavant être ramenée au processus de subjectivation qui la constitue. Mais pour juger la valeur de ce processus, le philosophe ne pourra plus en appeler à la « vérité » : il est admis que tout acte de subjectivation est par essence fallacieux et simplificateur, puisqu'il revient à synthétiser une pluralité fondamentale. L'évaluation reste toutefois possible, car, par delà le « Bien et le Mal », par-delà le « Vrai et le Faux », il reste encore du bon et du mauvais. Nous pouvons ainsi dire qu'un mode de subjectivation est « bon » lorsqu'il intensifie la puissance de celui qui l'effectue.

Pour discriminer le bon et le mauvais, il nous faut donc une nouvelle approche critique : ce sera la critique généalogique, que Nietzsche met en œuvre dans sa *Généalogie de la morale*. Ce livre parvient à discréditer durablement le mode de subjectivation inhérent à la métaphysique et à la morale traditionnelle. Nietzsche parvient à ce résultat, non en prouvant la « fausseté » de ce type de rapport à soi, mais en établissant son caractère réactif, faible, dangereux pour la vie.

Grâce à cette critique du sujet métaphysique, nous avons du même coup une idée du type d'acte qui serait à même de produire une subjectivation positive : il devra participer d'un processus affirmatif, conquérant, créateur, agonistique – s'opposant en cela à la posture craintive et défensive de l'homme « moral », interpellé par le système judiciaro-punitif. De plus, Nietzsche trace deux voies, deux pistes, qui peuvent servir de guide dans la recherche d'un nouveau mode de subjectivation :

La première est celle de la désubjectivation. Car il nous faut d'abord nous défaire de l'illusion du moi substantiel, des mirages de la conscience personnelle, avant de pouvoir chercher « autre chose ». La seconde voie est celle de l'égoïsme supérieur. La destruction des schèmes métaphysiques devrait en effet nous permettre de nous constituer comme sujet moral d'une manière nouvelle : notre horizon perspectif ne serait alors plus le « Bien », le « Vrai » ou « l'utilité », mais l'augmentation de notre puissance individuelle.

Au moment où Nietzsche écrit *Ecce Homo*, tout reste encore à réaliser. Nous savons toutefois que pour créer de nouveaux modes de subjectivation, un cheminement uniquement intellectuel ne peut suffire ; seul un acte réel, une pratique nouvelle, sont en mesure de produire un tel changement. Nous désirons montrer qu'*Ecce Homo* constitue cet acte. Pour étayer cette option, il nous faut toutefois comprendre la manière dont un travail d'écriture produit des effets concrets, et se constitue comme expérience productive. Comment un simple livre peut-il constituer une véritable pratique vitale ?

Nous savons que Nietzsche, lorsqu'il détaille son travail d'auteur, définit bien souvent l'écriture comme capacité de restitution *a posteriori* d'affects passés ; une pensée ne semble pouvoir être écrite que parce que toute vie l'a abandonnée[96]. La véritable productivité

---

[96] « Hélas, mes pensées, qu'êtes vous devenues, maintenant que vous voilà écrites et peintes ![...] Qu'écrivons-nous, que peignons-nous ? [...] Hélas, seulement ce qui va

relève de l'événement affectif et indicible, l'écriture ne vient qu'après : ainsi, déclare Nietzsche, « il ne faut parler que si l'on peut se taire ; et ne parler que de ce que l'on a surmonté [...] On le devine : j'ai déjà beaucoup de choses – *sous* moi [...] A une seule exception près, quoique essentielle, il convient en ce sens d'*antidater* tous mes ouvrages – ils parlent toujours de ce que j'ai laissé "derrière moi" »[97]. A première vue, cette conception de l'écriture semble mettre en difficulté l'idée d'*Ecce Homo* comme œuvre intrinsèquement productive et concrète, dont les effets seraient constatables sur le plan de la pratique.

Nietzsche, par ailleurs, élabore une conception spécifique de la philosophie définie comme pratique et mode de vie ; cette vision, empruntée aux Grecs, lui permet de s'opposer à la philosophie universitaire de son époque : « J'estime un philosophe dans la mesure où il est en état de donner un exemple », nous explique-t-il ainsi dans *Schopenhauer éducateur,* « mais l'exemple doit être donné par la vie visible et non pas seulement par les livres. »[98]. Là encore, il dévalorise l'écrit au profit du vécu. Le travail d'écriture est réduit à être une simple pièce dans l'ensemble de la machinerie philosophique ; il ne peut constituer l'achèvement d'une doctrine.

Comment, en ce cas, pouvons nous justifier la prise en compte d'*Ecce Homo* comme acte concret, effectuation d'une pratique vitale ? Etayer cette compréhension pragmatique d'*Ecce Homo* est en effet absolument nécessaire pour justifier notre étude de l'œuvre sous l'angle des modes de subjectivation qu'elle produit, puisque nous avions établi que seul un acte réel et inédit, engageant le mode d'être vital de l'individu concerné, pouvait créer un nouveau type de rapport à soi.

Nous pouvons tout d'abord insister sur le fait qu'*Ecce Homo* décrit la « vie visible » de son auteur, puisque ce livre possède un caractère autobiographique très marqué. Cela ne suffit pas, toutefois, à lui conférer un aspect véritablement productif. Nous pourrions alors

---

se faner et commence à s'éventer ![...] Nous éternisons ce qui ne peut plus vivre ni voler très longtemps, des choses exténuées et trop mûres », voir *PDBM*, §296.

[97] *HTH2*, préface, §1 . Cette préface date de 1886, soit deux ans avant l'écriture d'*Ecce Homo*. Nous pouvons supposer que « l'exception » essentielle désigne *Zarathoustra* ; cela devient presque certain au vu de ce que Nietzsche dira de cette dernière œuvre dans *Ecce Homo*.

[98] *CI3*, §3.

remarquer que, si Nietzsche dépasse vraiment la métaphysique, alors nous devons supposer qu'il abolit la distinction ontologique classique entre réel et représentation. Dans un monde fait de « volonté de puissance et rien d'autre »[99], l'écriture n'est pas statutairement inférieure à l'affect : en droit elle est, comme tous les autres phénomènes, un certain mode de la force, l'effectuation d'un rapport spécifique de « tension dynamique » entre plusieurs « *quanta* de forces »[100]. Toutefois, si l'écriture gagne ainsi une dignité, ce n'est qu'une dignité de droit, et non de fait. En effet, le renversement du platonisme par Nietzsche ne permet pas de transformer du même coup tous les pensums universitaires en actes vitaux authentiques et productifs. En fait, pour Nietzsche, tous les livres mettent en jeu des forces réelles ; dans l'immense majorité des cas toutefois, ces forces sont simplement trop faibles pour avoir sur la vie un effet conséquent.

Si *Ecce Homo* peut de son côté être analysé, non seulement comme un discours porteur de sens, mais également comme un acte producteur d'effets, ce n'est pas par miracle, mais parce que cette œuvre parvient à mettre en jeu plus de forces que les autres. Si Nietzsche peut déclarer, dans *Ecce Homo*, « je ne m'exprime plus en mots mais en éclairs »[101], c'est que le positionnement même de l'œuvre permet cette écriture pragmatique. C'est seulement en nous intéressant au régime discursif spécifique au sein duquel s'inscrit *Ecce Homo* que nous comprendrons ce positionnement particulier. Nous verrons alors comment cette inscription élève le livre au rang d'acte vital et productif – qui devra être analysé de manière pragmatique.

Ecce Homo, ou la subversion du genre autobiographique

Quand Nietzsche écrit *Ecce Homo*, le livre où il entreprend de se raconter lui-même, il n'explore pas précisément un territoire vierge.

---

[99] *PDBM*, §36.
[100] *FP*, XIV, 14[79].
[101] *EH, PJSBL, LI*, §3.

Le genre autobiographique est déjà balisé et codifié, au moins depuis *Les Confessions* de Rousseau ; cela signifie que l'œuvre nietzschéenne s'inscrit dans un régime d'énonciation antérieur à son écriture, et que l'horizon d'attente des contemporains est d'ores et déjà codé. Quelle est la nature de ce code préexistant, quelles règles implicites régissent ce régime spécifique d'écriture[102] ? Ce que nous pouvons dire, c'est que toute œuvre autobiographique peut être comprise comme la réponse à une question implicite : « Qu'as-tu fait, qu'as-tu pensé, qu'as-tu été ? »[103]. L'entreprise de véridiction propre à l'autobiographie ne se comprend que quand on la réfère à l'exigence implicite d'une personne qui demande des comptes à l'auteur.

Nous en arrivons au point central de la question : car ce que nous voyons alors, c'est que le régime d'énonciation propre à l'autobiographie moderne, et le jeu de questions/réponses dans lequel elle s'insère, relèvent très exactement de l'interpellation. L'interpellation, nous l'avions dit précédemment, peut être considérée comme le schème ordonnateur de la moralité et de la subjectivation métaphysique ; l'entreprise autobiographique est donc le mode d'écriture qui lui est adéquat. Nous pouvons alors comprendre pourquoi les autobiographies ressemblent autant à des plaidoiries, et pourquoi les procès donnent lieu à des développements autobiographiques. C'est que le système judiciaire, autant que l'écriture du moi, « fonctionne » à l'interpellation. La lecture de l'*incipit* des *Confessions* de Rousseau se révèle extrêmement éclairante sur ce point : « Que la trompette du Jugement dernier sonne quand elle voudra, je viendrai, ce livre à la main, me présenter devant le souverain juge. Je dirais hautement : "Voilà ce que j'ai fait, ce que j'ai pensé, ce que je fus. J'ai dit le bien et le mal avec la même franchise. Je n'ai rien tu de mauvais, rien ajouté de bon, et s'il m'est arrivé d'employer quelque ornement indifférent, ce n'a jamais été que pour remplir un vide occasionné par mon défaut de mémoire ; j'ai pu supposer vrai ce que je savais avoir pu l'être, jamais ce que je savais

[102] Nous ne prétendons pas ici formuler une théorie exhaustive des différents régimes d'énonciation autobiographiques. Nous nous permettons de simplifier le problème, en nous servant des *Confessions* comme paradigme de l'autobiographie moderne. Nous gardons à l'esprit ce que peut avoir de risqué une telle démarche.

[103] « Je dirais hautement : "Voilà ce que j'ai fait, ce que j'ai pensé, ce que je fus". », voir J.J. Rousseau, incipit des *Confessions*.

être faux. Je me suis montré tel que je fus ; méprisable et vil quand je l'ai été, bon, généreux, sublime, quand je l'ai été : j'ai dévoilé mon intérieur tel que tu l'as vu toi-même". »[104].

La plaidoirie apologétique et la confession autobiographique constituent donc deux pratiques affectivement analogues : elles proviennent d'une attitude faible et craintive, naissent du besoin de se justifier face à l'interpellateur. Toutes deux sont à la fois des modèles permettant de comprendre la nature du rapport de soi à soi induit par la métaphysique, et des actes concrets qui ne cessent de réaffirmer cette modalité de la subjectivation en l'effectuant.

Nietzsche, en se lançant dans son projet autobiographique, s'insère donc dans un espace codifié d'interactions implicites. Au sein de cet espace, il ne peut être question de tenir un discours nu et immédiat, constitué de simples énoncés constatifs ou spéculatifs ; le régime d'énonciation est bien plutôt performatif, puisqu'il institue un jeu de questions/réponses réglé dans lequel chacun doit tenir son rôle, et jouer sa partition. Dans l'écriture du « moi » telle qu'elle est codifiée par les *Confessions*, l'interpellateur – Dieu, ou la postérité, ou les contemporains… – pose une question portant sur l'identité subjective et la responsabilité personnelle, tandis que l'interpellé se doit de répondre dans les catégories précédemment suggérées – en termes de « moi » substantiel, d'actions délibérées, de fautes éventuelles ayant à être justifiées. La performance autobiographique constitue bien une pratique concrète, puisque l'ensemble de ces interactions a pour conséquence de produire un certain mode de subjectivation, et par-là de confirmer à la fois la morale et l'ordre social qui lui sont associés.

Si *Ecce Homo* doit être interprété comme un acte vital concret, c'est donc parce qu'il s'insère, en tant que récit autobiographique, dans un régime d'énonciation performatif[105]. Mais

---

[104] *Ibid.*

[105] Si nous utilisons les concepts développées par J.L. Austin dans *Quand dire, c'est faire*, nous voyons ainsi que le processus d'interpellation (schème tout à la fois de l'autobiographie et du procès) voit se déployer successivement des actes 1) « exercitifs » (l'acte de l'interpellateur, qui exige de l'interpellé qu'il rende compte de lui-même), 2) « comportatifs » (la réponse apologétique de l'interpellé, en termes de « moi » substantiel), 3) « verdictifs » (le jugement éventuel, bien souvent implicite) ; toutes ces catégories désignent bien sûr différentes sortes d'actes illocutionnaires (référant à la fonction performative d'un énoncé).

l'œuvre voit sa qualification pragmatique redoublée et spécifiée, dans la mesure où la réponse adressée par Nietzsche à l'interpellation subjectivante est une riposte agressive, décalée, subversive. *Ecce Homo* ne se contente pas en effet de prendre place dans ce système codifié d'interactions performatives – ce qui suffirait déjà à justifier son statut de pratique concrète – il fait plus, puisqu'au sein même de cet espace réglé, il opère un déplacement, une rébellion.

Nous avons donc admis qu'*Ecce Homo*, en tant qu'autobiographie, se qualifiait comme acte concret ; nous voyons que son discours était de type performatif, et non pas constatif. Pour comprendre maintenant le style vital de cet acte et les effets qu'il produit, nous devons voir en quoi *Ecce Homo* constitue une réponse inouïe à la question classique de l'interpellation morale. C'est grâce à cette analyse généalogique du geste nietzschéen que nous pourrons montrer que celui-ci est à même de créer de nouveaux et de meilleurs modes de subjectivation.

Ecce Homo s'insère donc dans le régime d'énonciation proprement autobiographique, c'est-à-dire qu'il prend place dans un jeu d'interaction construit sur le modèle de « l'interpellation », qui forme une pièce essentielle du système global de la subjectivation métaphysique. Ce mode spécifique de subjectivation, rappelons-le, naît d'une attitude craintive, car celui qui rend compte de lui-même le fait par peur du châtiment, et par désir de se justifier[106]. Il se soumet à l'interpellation en acceptant d'y répondre ; et cette réponse implique qu'il accepte les catégories implicitement contenues dans la question (« moi » substantiel, responsabilité), en les réutilisant dans le discours qu'il tiendra sur lui-même.

A cette interpellation originelle et implicite, qui fonde toute autobiographie, Nietzsche oppose une réponse originale et inédite. Le récit de soi nietzschéen ne naît en effet ni de la crainte, ni du désir de justification. Il provient d'abord d'un instinct agonistique qui pousse à l'agression[107], et d'autre part du désir de ne *pas* être justifié, ni accepté,

---

[106] Tout cela concerne à la fois le mode de subjectivation moral et métaphysique, décrit dans *La généalogie de la morale* et l'autobiographie moderne dont participent *Les Confessions*.

[107]« Tout autre chose est la guerre. Je suis belliqueux de nature. L'agression fait partie de mes instincts. *Savoir* être ennemi, être ennemi, cela suppose peut-être une forte nature ; en tout cas c'est une condition inhérente à toute forte nature. Celle-ci a besoin

ni assimilé de manière bienveillante par les instances morales existantes[108]. L'écriture autobiographique nietzschéenne n'est pas la conséquence directe d'une sollicitation interpellative, et possède au contraire sa nécessité interne : elle est le déploiement d'une tendance propre à l'individu[109]. Enfin, tandis que le processus de subjectivation métaphysique impliquait de répondre à l'interpellation de manière obéissante, en réutilisant servilement les catégories implicites contenues dans la demande de comptes, Nietzsche au contraire les refuse violemment. Il ne cesse de rejeter les rôles que lui proposent tant l'Histoire que ses contemporains[110] ; cette rébellion lui permet d'échapper à la reprise servile. Il peut ainsi entreprendre, avec *Ecce Homo*, une tentative véritablement créatrice.

A la crainte, au désir de justification, à la soumission qui caractérisaient l'acte vital corrélé au mode de subjectivation métaphysique, Nietzsche substitue la fierté des instincts, la tendance agonistique et l'affirmation de soi. En lieu et place de l'acceptation soumise et servile des catégories de l'interpellant, il pense la possibilité d'un discours sur soi créateur et artiste. Nietzsche, avec *Ecce Homo*, entreprend donc la subversion du régime d'énonciation métaphysique et autobiographique. Un tel acte de rébellion peut être qualifié médicalement et généalogiquement de manière positive ; son

---

de résistances à vaincre, *par conséquent* elle cherche la résistance. », voir *EH, PJSS*, §7.

[108] « J'ai une peur panique que l'on n'aille un beau jour me *canoniser* : on comprendra pourquoi [*je prends les devants*] en publiant ce livre. », voir *EH, PJSD*, §1.

[109] Personne ne pose en effet de question à Nietzsche, personne ne lui prête attention : « Mais la disproportion entre la grandeur de ma tâche et la *petitesse* de mes contemporains s'est manifestée en ce que l'on ne m'a ni entendu, ni même aperçu ». Il entreprend de lui-même le récit de soi, parce qu'il estime que sa tâche est trop importante pour rester inconnue ; s'il avait pu éviter cette autobiographie, ce n'aurait pas été par modestie, mais au contraire à cause d'une fierté supérieure : « Dans ces conditions, il est pour moi un devoir, contre lequel s'insurgent mes habitudes, et, plus encore, la fierté de mes instincts, c'est celui de dire : "*Ecoutez moi, car je suis tel et tel. Mais surtout n'allez pas me prendre pour un autre !*" », voir *EH, AP*, §1.

[110] « Je n'ai, par exemple, rien d'un croquemitaine, d'un monstre de vertu [...] Qui parle dans ces pages n'est pas un "prophète", ni aucun de ces hybrides de maladie et de volonté de puissance que l'on nomme "fondateurs de religion" [...] Qui parle dans ces pages n'est pas un fanatique », voir *EH, AP*, §2 et 3. « Je ne suis pas un être humain, je suis de la dynamite [...] Je ne veux pas être un saint, plutôt encore un pitre... Peut être suis-je un pitre... », voir *EH, PJSQ*, §1.

style vital est proversif, affirmatif, créatif. Par-là il ouvre la possibilité de nouveaux et de meilleurs modes de subjectivation.

Pour comprendre ce que réalise Nietzsche dans *Ecce Homo*, nous devons donc admettre que ce dernier livre n'est guère comparable aux autobiographies traditionnelles – dont *Les Confessions* forment pour nous l'exemple type. En revanche, il se rapproche d'un autre modèle, qui pourrait peut-être nous aider à comprendre le geste nietzschéen. Ce modèle met en scène un autre subversif : il s'agit de Socrate faisant son apologie[111].

Socrate en effet, interpellé par le tribunal des athéniens, devait répondre à une accusation très générale : ses trois ennemis, Mélètos, Anytos et Lycon, disaient de lui qu'il refusait de reconnaître les dieux de l'Etat, qu'il introduisait de nouvelles divinités et qu'il corrompait la jeunesse. Le caractère global de cette accusation – elle ne portait pas sur un fait précis mais sur l'entièreté du mode de vie socratique – impliquait que Socrate, pour se défendre, rende compte de la totalité de son existence et entreprenne de la justifier. Or, que fit Socrate ? Au lieu de jouer le rôle qui lui était imparti par les institutions judiciaires, au lieu de répondre dans les termes attendus par l'accusation[112], Socrate tint un discours personnel, original et subversif. Au lieu de rechercher l'indulgence des jurés par une attitude humble, soumise et repentante, il réaffirma l'entièreté de ses actes passés.

A l'instar de Nietzsche, Socrate répondit de manière affirmative et audacieuse à l'accusation portée contre lui par la plus légitime des instances de son époque. Nous pouvons ainsi trouver dans l'*Apologie* de nombreux éléments également présents dans l'*Ecce Homo* nietzschéen : la fierté du langage[113], l'affirmation de soi[114], avec pour véhicules l'humour et la parodie[115]. Par la manière

---

[111] Voir Platon, *Apologie de Socrate.*

[112] D'après Diogène Laërce, Lysias aurait proposé à Socrate un plaidoyer qui aurait sans doute emporté l'acquittement. Il le refusa en disant : « Ton discours est fort beau, mais ne me convient pas ». Ce discours était probablement composé suivant les règles de la rhétorique et visait à exciter la pitié des juges ; c'est ce que Socrate ne voulait pas. Voir sur ce point Diogène Laërce, *Vies et doctrines des philosophes illustres.*

[113] « D'autres ont écrit sur son procès, et tous ont bien rendu la fierté de son langage, ce qui prouve que c'est bien ainsi qu'il parla », voir Xénophon, *Apologie de Socrate.*

[114] Socrate, comme Nietzsche, affirme la primauté de sa tâche, son importance supérieure.

qu'a Socrate de subvertir l'interpellation judiciaire et la mécanique du procès au profit d'une affirmation de soi et de la création d'un nouveau type de « moi », d'un nouveau « je » (le « je » philosophant), il se rapproche de Nietzsche, et peut être considéré comme un des modèles possibles de compréhension pour *Ecce Homo*.

Mais il convient aussi de saisir l'originalité propre du projet nietzschéen. Si Socrate et son *Apologie* peuvent constituer un précédent – par la subversion de l'interpellation au cours du procès – ils forment aussi un contre-modèle. Car au nom de quoi Socrate entreprend-il la subversion du mécanisme judiciaire qu'il subit ? Au nom d'un autre tribunal, d'une autre justice, d'un autre type de procès : « Et maintenant moi, je vais sortir d'ici condamné à mort par vous, et eux, condamnés par la vérité comme méchants et criminels, et moi, je m'en tiens à ma peine et eux à la leur »[116], déclare ainsi Socrate à son procès. Au nom de quoi refuse-t-il l'interpellation judiciaire du peuple athénien ? Au nom d'une autre interpellation, effectuée par l'oracle du dieu de Delphes dont Socrate pense qu'il lui a attribué une tâche[117]. La subversion socratique de la légitimité judiciaire ne s'effectue donc que dans la perspective d'une autre légitimité : celle de la vérité et de la justice véritable. Socrate procède en fait à l'accomplissement d'une étape essentielle dans le devenir historique de la civilisation. C'est-à-dire qu'il opère le passage d'un système judiciaire qui « fonctionne » au spectacle[118], et qui correspond à l'état de la moralité des mœurs, à un système qui « fonctionne » à la vérité, adéquat à la morale métaphysique du Bien. L'*Apologie de Socrate* constitue donc une part de l'événement décrit par Nietzsche dans *La généalogie de la morale* : la prise de contrôle du châtiment et de l'institution judiciaire par la caste sacerdotale (celle qui fonctionne « à la vérité », « à la responsabilité », et juge au nom des arrières-

---

[115] Nietzsche compose les sous-titres d'*Ecce Homo* dans une veine histrionique voulue et comique : « Pourquoi je suis si sage », « Pourquoi je suis si avisé », etc.. Quant à Socrate, il pousse autant l'honnêteté que la fierté jusqu'à l'insolence lorsqu'il propose, comme seule peine ayant à lui être infligée, d'être nourri au Prytanée. Voir Platon, *Apologie de Socrate*, 36d.

[116] Voir Platon, *Apologie de Socrate*, 39b.

[117] Voir Platon, *Apologie de Socrate*, 29a.

[118] Puisque le rôle que Socrate aurait dû jouer pour trouver grâce aux yeux du tribunal était pré-écrit, selon des règles rhétoriques définies : exciter la pitié, demander l'indulgence, supplier les juges.

mondes).

Nous pouvons à présent percevoir la nouveauté radicale du geste nietzschéen. Socrate le subversif peut être un modèle partiel pour Nietzsche ; Socrate le moraliste bascule du côté des repoussoirs ou des ennemis. En effet, ce dernier ne conteste la légitimité et la vertu de ses accusateurs qu'au nom d'une vérité et d'une vertu plus véritable : son existence tout entière a d'ailleurs pour but la vertu et l'amendement de l'humanité[119]. Si le geste socratique consiste à refuser l'ordre existant des choses, c'est pour tenter d'en fonder un nouveau, plus conforme à la justice et la vérité. La conséquence de cette attitude, c'est la métaphysique elle-même.

Or, de ce modèle déjà subversif, Nietzsche opère également la subversion. « Il n'y a rien en moi du fondateur de religion »[120] nous explique-t-il : pas de légitimité qui viendrait remplacer l'instance métaphysique qu'il combat. « Je ne veux pas être un saint, plutôt encore un pitre… Peut-être suis-je un pitre »[121], ajoute-t-il. Son projet d'affirmation et de création ne s'appuie pas sur une autre idée de la vérité et de la vertu, plus haute et plus vraie : « "Amender les hommes", voilà bien la dernière chose qu'il me viendrait à l'esprit de promettre »[122]. Ce dont il s'agit pour lui, c'est de nier ce que l'on avait jusque-là appelé morale, mais sans remplacer cette morale et son système d'interpellation par une autre morale ou un autre système d'interpellation.

En montrant qu'*Ecce Homo* constitue un véritable acte vital, au cours duquel Nietzsche entreprend de rendre compte de lui-même dans une attitude affirmative, agonistique et créative, nous avons donc confirmé notre hypothèse de départ. Nous avons montré que, contrairement à ce qu'avançait Judith Butler par exemple, Nietzsche ne considère pas tout récit de soi comme la conséquence d'une posture craintive et réactive. S'il critique la notion de « sujet », il n'abolit pas la subjectivité, mais lui accorde au contraire une place de choix en consacrant son dernier livre à l'écriture du « moi ».

---

[119] « Je n'ai pas en effet d'autre but, en allant par les rues, que de vous persuader, jeunes et vieux, qu'il ne faut pas donner le pas au corps et aux richesses et s'en occuper avec autant d'ardeur que du perfectionnement de l'âme. », voir Platon, *Apologie de Socrate*, 30b.

[120] *EH, PJSD*, §1.

[121] *Ibid.*

[122] *EH, PJSS*, §2.

Le « moi » qui apparaît dans les lignes d'*Ecce Homo* sera toutefois bien différent des différents avatars de la subjectivité métaphysique dont Nietzsche avait effectué la critique. Car ce livre se caractérise par son absolue nouveauté : il subvertit tout à la fois l'autobiographie moderne dont le modèle est *Les Confessions*, et la fondation par Socrate du mode de subjectivation moral, effectuée 2500 ans plus tôt dans *L'Apologie*. Nous devons donc étudier l'invention dont *Ecce Homo* est le théâtre, et comprendre les modes de subjectivation inédits qui s'y créent.

L'étude des modes de subjectivation dans *Ecce Homo* : programmatique

Puisque Nietzsche procède dans *Ecce Homo* à une écriture pragmatique et vitale, et qu'il rend compte de lui-même dans une attitude qui subvertit le processus réactif propre à la morale métaphysique, il se trouve à même de créer et d'exposer, dans ce dernier livre, un nouveau mode de subjectivation. Il nous faut maintenant comprendre ce mode, faire l'esquisse de sa singularité : en quoi diffère-t-il du rapport à soi traditionnel et moral ? Quel type de sujet « moral » produit-il ? Quel est la nouvelle forme de « moi » qui en émerge ?

Nous avons emprunté le concept de « subjectivation » à l'œuvre de Foucault, afin de désigner une certaine conception de la subjectivité que Nietzsche rend possible – et à, notre avis, réalise – sans pour autant la nommer. Nous allons prolonger l'emprunt en utilisant également la typologie foucaldienne de ces modes de subjectivation.

Foucault, dans le deuxième tome de son *Histoire de la sexualité*[123], définit quatre critères permettant de distinguer les différents modes de subjectivation – ce que Deleuze, dans son

[123] Voir M. Foucault, *L'Usage des plaisirs*, Introduction, « Morale et pratique de soi ».

Foucault, nommera les « quatre plis de subjectivation »[124]. Nous allons exposer cette typologie, et c'est ensuite à la lueur de cette grille d'analyse que nous tenterons de caractériser le mode de subjectivation proprement nietzschéen, tel qu'il s'invente dans *Ecce Homo*.

Le premier critère est celui de la *détermination de la substance éthique*. C'est-à-dire qu'en fonction des modes de subjectivation, l'individu détermine des parts différentes de lui-même pour servir de matière à sa conduite morale. Les Grecs classiques délimitaient ainsi le corps et ses plaisirs (les *aphrodisia*) comme ayant à être problématisés par la réflexivité morale. A l'inverse, lorsque la subjectivité proprement chrétienne apparut, elle définit une nouvelle substance éthique : la chair, et ses désirs.

Le deuxième critère est celui du *mode d'assujettissement*, c'est-à-dire de la façon dont les individus établissent leur rapport aux règles et se reconnaissent liés à celles-ci dans une relation d'obligation. La fidélité conjugale, par exemple, est une règle répandue, mais elle peut s'imposer selon des modes d'assujettissement divers, selon le mode de subjectivation effectué par l'individu concerné. On peut ainsi être fidèle parce qu'on reconnaît faire partie d'un groupe social qui pratique la fidélité, mais également parce que l'on répond ainsi à l'appel d'une spiritualité spécifique, ou encore pour donner à sa vie personnelle une forme noble, ou belle, ou pure.

Foucault désigne sous le terme d'*élaboration* ou de *travail éthique* un troisième critère. Il entend par ce terme les modalités de l'effort de l'individu dans sa tentative, non seulement de conformation aux règles, mais surtout de constitution comme sujet moral de sa propre conduite. Ainsi, une règle d'austérité sexuelle peut être pratiquée à travers un travail de mémorisation de préceptes et de contrôle permanent de sa propre conduite ; elle peut être vécue sous la forme d'un combat permanent contre les mauvais penchants, ou encore prendre la forme d'un déchiffrement incessant du désir, de tentatives de mise au jour de ses significations.

Enfin, un mode de subjectivation se définit par la *téléologie* du sujet moral qu'il implique. Les actions morales inscrivent en effet leur propre effectuation dans la perspective d'un accomplissement spécifique qui constitue l'horizon ou l'espérance du sujet : ce peut être

---

[124] Voir G. Deleuze, *Foucault*, « les plissements ou le dedans de la pensée (subjectivation) ».

l'immortalité, ou bien le salut, la tranquillité ou encore la maîtrise de soi.

Détermination de la substance éthique, mode d'assujettissement, travail éthique, téléologie du sujet moral : voilà les quatre critères, les quatre angles de problématisation dont Foucault affirme qu'ils permettent de définir et de distinguer les différents modes de subjectivation historiques. C'est à l'aide de cette grille conceptuelle que nous allons entreprendre d'interroger *Ecce Homo* ; nous tenterons de nous demander quelle réponse le texte nietzschéen donne à chacune de ces questions, qui sont celles de toute subjectivité morale. De cette manière, nous allons esquisser la nature du mode de subjectivation nietzschéen, en essayant de mettre en lumière son caractère radicalement novateur.

Chapitre 2 : Détermination de la substance éthique ; la définition du « Soi » corporel

Ecce Homo, ou le décentrement autobiologique

Pour comprendre la nature du mode de subjectivation qui s'invente dans *Ecce Homo*, nous allons donc appliquer au texte nietzschéen la grille conceptuelle construite par Foucault. Il s'agit tout d'abord de savoir quel type de substance éthique se trouve défini par Nietzsche ; quel matériau entreprend-il de problématiser moralement, et prend-il comme objet du rapport à soi ?

Dès le premier chapitre d'*Ecce Homo*, intitulé *Pourquoi je suis si sage* – et sur lequel nous allons centrer les analyses qui suivent

– on peut observer que le discours autobiographique nietzschéen opère un décentrement fondamental. Pour se décrire comme individu et détailler son caractère, Nietzsche ne produit pas une histoire intellectuelle et psychologique de sa personne. Au contraire, il déplace le problème en se situant d'emblée sur le terrain de la physiologie. Quand il s'attache à décrire une de ses particularités affectives ou philosophiques, il ne la réfère pas à sa « personnalité » mais à sa propre structure instinctive et pulsionnelle. Nous affirmons donc que Nietzsche commence *Ecce Homo,* son autobiographie, par une « autobiologie ». Il nous faudra certes spécifier ce point, mais nous percevons déjà la nature fondamentalement corporelle de la substance éthique visée par Nietzsche.

Détaillons tout d'abord le fonctionnement de ce discours autobiologique. Dans *Pourquoi je suis si sage*, Nietzsche commence par s'accorder une première caractéristique : il est tout à la fois un décadent et un être profondément sain, c'est-à-dire qu'il se définit essentiellement par sa dualité. Ce qui l'anime, c'est donc une double pulsion : pulsion de vie, pulsion de mort. Le mode d'être de ces tendances est corporel, et elles sont comprises métaphoriquement comme des héritages : la décadence vient de son père, mort à l'âge de 36 ans ; la santé vient de sa mère encore vivante.

C'est ce double instinct que Nietzsche désigne comme la base de ses particularités mentales et de ses spécificités psychologiques. Il trace en effet un parallèle parfait entre, d'un côté, ses pulsions, et de l'autre, les pensées et les perceptions qui en sont les conséquences. Ainsi, le processus de décadence affine la spiritualité, augmente la clarté d'esprit, rend à la fois plus fragile et plus sensible. Lui seul permet d'acquérir le doigté nécessaire aux nuances, aux subtilités de la « psychologie extra-lucide ». Lorsque Nietzsche évoque ainsi les époques de sa vie qui ont permis son affinement spirituel, il les relie à sa propre dégénérescence. C'est un « extrême appauvrissement musculaire et sanguin » qui, en produisant un adoucissement et une spiritualisation, lui a permis d'écrire *Aurore*[125]. Les « migraines et les pituites » rendent de leur côté Nietzsche plus subtil, et lui fournissent une « clarté de dialecticien poussée à l'extrême »[126].

La pulsion de vie est à l'inverse une tendance à la santé, qui

[125] *EH, PJSS,* §1.
[126] *Ibid.*

fait en sorte que la décadence ne se généralise pas. L'être sain ne cesse en effet de rechercher ce qui l'augmente et l'intensifie ; pour ce faire, il circonscrit les tendances décadentes. Les risques de la dégénérescence sont ainsi conjurés tandis que les effets d'affinement de celles-ci sont conservés et exploités. L'individu sain est donc celui qui sait tirer un parti positif même de ses expériences morbides et de ses lésions, en tournant ces dernières à son avantage.

C'est cette pulsionnalité double qui, en faisant alterner les périodes de santé et de décadence, a donné à Nietzsche son génie propre. Son instinct décadent l'a affiné, tandis que sa pulsion de vie empêchait son autodestruction. C'est ainsi qu'il a pu développer son intelligence spécifique, sa capacité à « *renverser les perspectives* » : « A partir de l'optique malade, considérer les notions et les valeurs *plus saines* puis, à l'inverse, à partir de la plénitude et de l'assurance tranquille de la vie *riche*, regarder, en contrebas, le travail secret de l'instinct de *décadence* – c'est [...] de cela que je tirais ma véritable expérience. »[127].

L'autobiologie nietzschéenne procède donc à un décentrement radical puisqu'elle réfère toutes les qualités psychologiques de l'individu à des dispositions corporelles qui les rendent tout à la fois possibles et nécessaires. Nietzsche, en faisant le récit de ses périodes intellectuellement créatrices, écrit un journal médical plus qu'une histoire philosophique. Pour lui, le mouvement de la pensée n'est pas séparable des flux et des reflux de la santé.

Cette mise en exergue du corps dans la description de soi se poursuit lorsque Nietzsche en vient à traiter de son personnage social. Si, dans son commerce avec les autres hommes, il montre une « absence de préjugé contre soi »[128] et méprise les « représailles » en cas d'affront[129], c'est qu'il a hérité de la sensibilité et de la finesse paternelles – symptômes de décadence. A l'inverse, sa tendance à l'agression[130], son amour du conflit et de la guerre, bref ses instincts belliqueux, sont le signe de sa pulsion de vie, et proviennent de la santé de sa mère.

---

[127] *Ibid.*
[128] *EH, PJSS, §4.*
[129] *EH, PJSS, §5.*
[130] *EH, PJSS, §7.*

Nietzsche, dans le premier chapitre *d'Ecce Homo*, semble donc choisir un être avant tout corporel comme objet du rapport à soi. On pressent déjà quels avantages pourra offrir le découpage d'une telle substance éthique – car le corps, lieu des instincts et des pulsions, ne semble pas pouvoir fonder la responsabilité. Avant toutefois d'aller plus loin, nous devons connaître plus précisément le statut de ce « corps » que la subjectivation nietzschéenne semble prendre pour matériau.

Le statut du corps dans *Ecce Homo*

Quel est précisément ce « corps » qui semble former pour Nietzsche la base du rapport à soi ? Nous aurions tort de croire qu'il s'agirait simplement, comme dans le dualisme métaphysique, d'un « corps » qui s'oppose à « l'esprit ». Car prendre ce corps non-spirituel comme base du rapport à soi ne serait alors qu'une simple inversion de la métaphysique, et non son dépassement.

En fait, comme nous l'avions établi dans notre Première partie, le corps n'est pas pour Nietzsche un nouvel avatar de la chose en soi. Il ne constitue pas une substance identique à elle-même qui se tiendrait en dessous de l'esprit, et rejetterait ce dernier dans l'univers des pures illusions, des simples apparences. Le « Soi » corporel – pour reprendre la terminologie du *Zarathoustra* – ne s'oppose pas à l'esprit ; il le comprend et le contient. L'esprit conscient est corporel de bout en bout et forme l'un des organes du « Soi ». L'autobiologie nietzschéenne, qui centre ses analyses sur le « corps » et réfère la psychologie à la physiologie, n'est donc pas l'émanation d'un matérialisme vulgaire, ou d'un platonisme inversé. Elle revêt en fait deux significations précises, qui lui permettent de remplir deux fonctions distinctes.

Tout d'abord, l'autobiologie a un rôle provocateur et polémique. Nietzsche ne remplace pas l'esprit par le corps, mais en mettant ce dernier au premier plan il rend visible le fait que tout un pan de l'homme vivant avait jusque-là été occulté, tant par les philosophes que par les psychologues. L'autobiologie radicale – qui semble parfois tourner au réductionnisme – permet donc de combattre les illusions de la psychologie intellectualiste. En choquant les manières traditionnelles de concevoir la personne, elle brise la tendance de l'individu à se prendre pour un « moi », pour un petit îlot de subjectivité intellectuelle ; elle rappelle que nous sommes avant tout des corps, et insiste sur la dimension pulsionnelle de notre existence.

Mais, en même temps qu'elle montre l'enracinement de l'être humain dans la matérialité physiologique, l'autobiologie dépasse l'opposition du corps et de l'esprit pour penser l'individu vivant dans sa totalité. Le « Soi » qu'elle fait apparaître est un corps au sens le plus élevé du terme : un ensemble de tensions entre volontés de puissances. La pensée nietzschéenne dépasse en effet le dualisme grâce à une théorie perspectiviste de l'immanence et des rapports de forces ; tout individu n'est qu'un mode spécifique de ces forces, une manière particulière qu'elles ont de s'organiser et de se hiérarchiser. L'esprit n'est donc pas éliminé par l'autobiologie ; il est simplement remis à sa place . La pensée est réelle, mais elle n'est qu'une partie de la vie corporelle, un mode interne à cet individu modal supérieur qu'est le « Soi ».

Quand Nietzsche se dit constitué par des pulsions fondamentales, il ne faut donc pas entendre par « pulsions » de simples mouvements du corps – d'un corps qu'on opposerait à l'esprit. Ce sont en fait des postures globales qui entraînent l'individu dans son ensemble. Elles ne concernent pas des organes en particulier, mais touchent l'ensemble du style vital de l'individu. Le « Soi » corporel conçu par Nietzsche est un être qui comprend en lui l'ensemble des phénomènes du vivant – que la métaphysique séparait traditionnellement en « spirituels » et « corporels ». La primauté que ce découpage accorde à la matérialité corporelle est indubitable, mais elle n'est pas ontologique ni principielle. Sa fonction est polémique : elle permet d'engager violemment la lutte contre deux millénaires de tradition métaphysique.

La compréhension modale du « Soi », ou le corps comme organisme

Ce Nietzsche décrit par Nietzsche est donc un « corps », mais dans un sens qui dépasse l'opposition du corps et de l'esprit. Les pulsions qu'il décrit sont des mouvements généraux, des attitudes globales face à l'existence, des styles vitaux. Le type d'être qu'elles concernent ne peut donc plus être décrit de manière substantielle et extensive, comme une chose qui appartiendrait au « corps » ou à « l'esprit ». Il doit être pensé comme un mode, un système vital, et c'est en ce sens seulement qu'il est un corps – en tant que mode qui se comprend sur le plan matériel des forces et de leurs rapports. On ne peut donc plus poser à son sujet la vieille question de l'essence (« Qu'est-ce que c'est ? »), qui relevait d'une métaphysique substantielle. Si le corps est un mode, une certaine manière qu'ont les forces de se nouer en un point de l'existant, alors on ne peut soulever à son propos que des problèmes modaux : Comment cet être agit-il et sur quoi ? Qu'est-ce qui agit sur cet être et comment ?

Tout d'abord, et de manière fondamentale, nous devons noter que cet être est défini par sa force vitale et les variations de cette dernière. Son existence prend un tour cyclique : il passe tour à tour par les divers stades de la décadence et de la santé. Au lieu d'une description substantielle, donc, nous avons l'évocation d'une quantité de force, qui ne cesse de varier avec le temps, au gré des deux pulsions globales : instinct de décadence, instinct de santé[131].

Dans un deuxième temps, ces tendances fondamentales, c'est-à-dire ces variations de la quantité de force vitale dont est constitué l'être en question, provoquent des tendances à l'action[132]. L'être sain se

---

[131] *EH, PJSS,* §1 et §2.

[132] Nous choisissons ici de formaliser la compréhension nietzschéenne du corps dans des termes délibérément spinozistes – action, affection – ce que nous avions déjà fait en utilisant le concept de « mode ». Pour illustrer le fait que le corps nietzschéen est conçu comme un système d'interaction c'est-à-dire un ensemble de forces qui se caractérise par son pouvoir d'agir et de pâtir, nous nous servons du vocabulaire qualifiant le mode chez Spinoza. Voir G. Deleuze, *Spinoza, philosophie pratique,* les chapitres « Glossaire des termes de l'Ethique » et « Spinoza et nous ».

définit ainsi par ses choix, ses décisions, par sa façon d'aller au-delà des choses et des sollicitations pour les sélectionner et les tourner à son avantage[133]. De même, la tendance à la guerre, et plus spécifiquement à la guerre d'agression, se révèle comme la conséquence de ce surplus d'énergie vitale. Toute forte nature « a besoin de résistances à vaincre, par conséquent elle cherche la résistance »[134]. Le style belliqueux propre à Nietzsche découle lui aussi de cette force exceptionnelle ; n'attaquer que des causes victorieuses, ne pas s'en prendre aux personnes, toujours mener le combat seul et isolé, voilà ce que seul un être surabondant peut décider de faire. Inversement, la finesse morbide du décadent empêche toute stratégie de guerre défensive ; face à un affront, au lieu de mesures de défense ou de protection, la tendance instinctive et pulsionnelle de Nietzsche est de répondre par un bienfait[135].

Ces tendances à l'action peuvent se spécifier lorsque Nietzsche les examine jusqu'au bout, c'est-à-dire jusqu'à leurs conséquences. Ainsi, un instinct hérité du père[136], quand il est compris jusqu'à son terme, se précise en pouvoir d'affecter autrui. De cette tendance pulsionnelle, Nietzsche fait alors découler ses talents de pédagogue, en évoquant sa carrière de professeur[137] ou plus généralement ses relations avec autrui[138].

Ces tendances pulsionnelles sont également causes, pour le « Soi », de capacités de perception, ou pour le dire autrement, de pouvoirs spécifiques d'être affecté. En effet, certains états vitaux augmentent et modifient la sensibilité, rendent préhensibles de nouveaux phénomènes, visibles des nuances inédites. Ainsi, la décadence augmente la finesse intellectuelle et la clarté de l'esprit,

---

[133] *EH, PJSS*, §2.

[134] *EH, PJSS*, §7.

[135] *EH, PJSS*, §5.

[136] « Je n'ai jamais su l'art de prévenir contre moi », voir *EH, PJSS*, §4.

[137] « Au cours des sept années où j'ai enseigné le grec [...] avec moi, les plus paresseux devenaient travailleurs », *Ibid.*

[138] « Un instrument, quel qu'il soit, aussi discordant soit-il – et comme seul cet instrument qu'est l'homme peut être discordant – à moins d'être malade, je trouverai toujours le moyen d'en tirer quelque chose qui se laisse écouter. Et combien de fois n'ai-je pas entendu les "instruments" eux-mêmes déclarer qu'ils ne s'étaient jamais entendus jouer de cette manière... », *Ibid.*

aiguise la perception[139]. Cette sensibilité exacerbée a toutefois un contrecoup : Nietzsche étant affecté par plus de choses, il est alors plus sensible que jamais aux modifications minimes de son mode d'être et devient du même coup plus vulnérable[140]. Inversement, l'instinct fondamentalement sain change aussi la manière d'être affecté par les choses, y compris par les souffrances dues à la décadence : « Pour quelqu'un de typiquement sain, le fait d'être malade peut être un stimulant énergique de la vie, du plus-vivre »[141].

Nous partons donc d'un organisme vivant défini par des variations de force et d'énergie ; ces variations impliquent des tendances à l'action, des pouvoirs d'affecter, des capacités d'être affecté. Mais ces trois spécifications, corrélats du changement d'état vital, ne sont évidemment pas séparées ; un type d'action ou de tendance se trouve toujours lié à un certain type de perception, à un mode spécifique de réception des excitations. Ainsi la sensibilité exacerbée du décadent ne se comprend que si on la relie aux affaiblissements des tendances à l'action, c'est-à-dire des instincts offensifs et défensifs[142]. De même, le dégoût face à la malpropreté psychologique n'est rendu possible que par la sensibilité extrême de Nietzsche (« de véritables antennes psychologiques ») à toute forme de médiocrité[143].

Nietzsche ne décrit pas simplement un enchevêtrement de la perception et de l'action ; perception-affect et action ne sont que deux noms pour certaines espèces d'un genre global de modifications et de fonctions vitales, que nous pourrions en fait définir comme des « affections » au sens le plus large du terme[144]. A un état donné des forces correspond un style de vie global qui appelle toute une série d'affections, c'est-à-dire de mode de comportements. Ces

---

[139] « ...cet art d'orfèvre, cette habileté à saisir, au propre et au figuré, ce doigté pour les nuances... », *EH, PJSS,* §1.

[140] « ... dans cet état [l'état de maladie], le véritable instinct de guérison, c'est-à-dire l'instinct offensif et défensif qui est en l'homme s'y effrite. On ne sait plus s'affranchir de rien, on ne peut plus venir à bout de rien – tout vous blesse », *EH, PJSS,* §5.

[141] *EH, PJSS,* §2.

[142] *EH, PJSS,* §6.

[143] *EH, PJSS,* §8.

[144] Ceci est encore un emprunt au vocabulaire spinoziste : voir G. Deleuze, *Spinoza, philosophie pratique,* les chapitres « Glossaire des termes de l'Ethique » et « Spinoza et nous ».

comportements comprennent pour Nietzsche aussi bien des façons d'agir, d'affecter ce qui l'entoure, que des manières d'être affecté par cet environnement.

Ainsi défini, le « Soi » se comprend de manière a-substantielle. Il n'existe que sur le plan immanent des volontés de puissances ; il est avant tout ce mode qui parvient à s'insérer dans le tissu des forces et des échanges vitaux. Si on le définit par cette capacité d'insertion, il est donc très exactement ce que les biologistes nomment un « organisme ». Nietzsche, en décrivant cette entité corporelle, modale et organique, dont le mode d'être est relationnel, subvertit les catégories classiques de l'être et de l'action. Car ce « Soi » n'est en effet ni passif, ni actif, tout en étant l'un et l'autre à chaque instant : en un mot, il est avant tout affectif.

L'écriture du « Soi » modal

Il semble donc que la substance éthique déterminée par Nietzsche dans le texte d'*Ecce Homo* se rapproche de ce « Soi » qu'il avait, dans ses textes précédents (notamment le *Zarathoustra*), défini comme le lieu véritable de l'individualité humaine. Toutefois, lorsque nous avions précédemment tenté de déterminer la nature de ce « Soi », nous avions insisté sur le fait qu'il était fondamentalement plurivoque, instable, et que jamais il ne résidait substantiellement dans une pure identité à lui-même. Comment donc Nietzsche peut-il établir un « rapport » avec un être aussi fluent ? Nous savons en effet qu'un acte de subjectivation est toujours une unification synthétique et falsificatrice : Nietzsche, en écrivant ce « Soi », n'est-il pas contraint lui aussi de procéder par falsifications et simplifications ?

Nietzsche ne peut en aucun cas prétendre à une description « vraie » de son « Soi » corporel. Celui-ci est en effet un mode instable, un rapport entre forces plurivoques, tandis que le langage est grossier et substantialiste. Cependant il est possible de mener à bien une interrogation sur le statut des signes servant à désigner et à synthétiser ce « Soi ». Si l'expérience corporelle de l'interaction et de la tension doit se comprendre d'emblée comme un rapport de force –

qui se déploie au-delà de la « vérité » – on peut toutefois faire en sorte que l'usage des signes appauvrisse le moins possible cette expérience lors de sa restitution écrite. Nous devons donc nous demander ce que serait un langage qui évite de réduire cette subtile conception du corps comme mode à de simples constructions substantialistes, par la faute de catégories trop grossières. Nous devons savoir comment Nietzsche construit son texte afin d'échapper au maximum aux rabattements de la langue.

La première voie explorée par Nietzsche consiste à opérer un décentrement lors des descriptions qu'il donne de lui-même. Lorsqu'il définit son caractère, il ne s'accorde pas des déterminations personnelles qui le définiraient en propre et régiraient ensuite la forme de ses relations avec autrui. Comme nous l'avions dit précédemment, il insiste bien plutôt sur ses interactions ; et c'est en décrivant le style de ces interactions qu'il parvient à s'accorder des spécificités tout en leur déniant un mode d'existence substantiel. Si Nietzsche est bon professeur, s'il sait révéler Heinrich von Stein à lui-même[145], ce n'est pas parce que son essence est telle ; c'est simplement qu'un rapport de forces particulier s'est formé lors de sa rencontre avec telle ou telle personne. De même, sa sœur et sa mère ne sont pas malfaisantes comme substances, mais simplement dans les rapports qu'elles entretiennent avec Nietzsche dans ses périodes de raffinement et de faiblesses[146].

A côté de ces descriptions conjoncturelles et modales, qui conjurent partiellement le risque de substantialisation contenu dans l'écriture, Nietzsche explore une autre voie, qui repose sur l'usage spécifique des noms propres. Pour comprendre ce point, il peut être intéressant de se pencher sur le problème de l'hérédité dans *Ecce Homo*.

Un lecteur peut sans peine noter une apparente contradiction sur ce point : Nietzsche entreprend en effet de retracer héréditairement sa dualité pulsionnelle[147] : il fait remonter sa pulsion de décadence à

---

145 *EH, PJSS*, §4.

146 « C'est une véritable machine infernale qui est à l'œuvre, et cherche avec une infaillible sûreté le moment où l'on peut me blesser le plus cruellement – dans mes plus hauts moments », *EH, PJSS*, §3.

147 « En tant que mon propre père, je suis déjà mort, c'est en tant que je suis ma mère que je vis encore et vieillis », *EH, PJSS*, §1 ; « Il est un autre point sur lequel je ne suis que mon père répété », *EH, PJSS*, §5.

son père, et son instinct de vie à sa mère. Cependant, quelques pages plus loin il déclare l'inanité absolue des théories communes de l'hérédité, et proclame que « c'est avec ses parents que l'on a le moins de parenté »[148]. Il semble donc que ce point fasse problème : résoudre ce problème va nous permettre à la fois d'éclairer la conception nietzschéenne du corps, et de préciser l'enjeu des signes qui servent à sa désignation. Car pour dépasser la contradiction, il faut aller par delà les termes et les « choses ». En effet, si l'on se situe sur le plan des forces et non plus des substances, on ne se soucie plus alors de provenance héréditaire biologique, mais simplement de parenté physiologique au sens de reproduction locale d'un mode spécifique de la force. La pulsion de décadence est « paternelle », l'instinct de vie est « maternel », non pas parce qu'ils ont été transmis matériellement et substantiellement par ces personnes, mais parce qu'ils sont des modes ainsi identifiables.

Il n'y a pas identité substantielle entre le père et le fils, ou entre la mère et le fils, car ce sont deux modes séparés. Ce n'est pas une théorie de la « transmission génétique » que Nietzsche tente d'élaborer dans *Ecce Homo*. En revanche, le mode nietzschéen contient des sous-modes qui se retrouvent aussi, respectivement, chez le père et chez la mère ; il y a donc communauté d'affects. L'identité n'est pas substantielle, elle est modale : il s'agit d'une ressemblance pragmatique de fonctionnement.

A l'inverse, lorsque Nietzsche s'intéresse à un autre mode familial, celui qui concerne sa mère et sa sœur et qui lui inspire « une indicible horreur »[149], il récuse toute ressemblance et tout lien : « Me croire une parenté avec cette canaille serait blasphémer ma nature divine », déclare-t-il. C'est que sa « nature divine » ne réside que dans un certain mode de fonctionnement, dans un certain style de vie, et n'a que peu à voir avec les résultats de la reproduction sexuée. Il peut donc s'accorder des parentés flatteuses qui ne font aucune référence à une véritable hérédité substantielle ou extensive : « Je ne le comprends pas, mais Jules César pourrait être mon père – ou bien Alexandre, ce Dionysos fait chair »[150]. L'identité est ici une

[148] *EH, PJSS,* §3. Voir aussi, « Toutes les notions répandues sur les degrés de parenté sont un non-sens physiologique » , *Ibid.*
[149] *Ibid.*
[150] *Ibid.*

ressemblance de mode corporel, d'allure vitale. Tout comme Alexandre se trouve être Dionysos, non par incarnation mystique, mais parce que dans les rapports de forces qui forment sa chair se trouvent des modes équivalents à ceux du principe divin dionysiaque.

Mais ce que font apparaître ces réflexions sur l'hérédité, c'est que la définition par Nietzsche de ces ressemblances modales, ces parentés non-substantielles, repose avant tout sur l'utilisation de noms propres : Alexandre, Dionysos, César, Père et Mère. Cet usage a une utilité spécifique : le langage comme réitération de catégories simples et substantielles[151] – elles-mêmes nées de simplification et d'assimilation d'expériences passées – est ainsi contourné une première fois. En caractérisant un phénomène par un nom propre au lieu d'un nom commun, on proclame en effet que la chose en question est singulière et qu'elle ne peut être ramenée à du déjà-connu. Le lecteur en arrive à supposer que l'ensemble des signes quotidiens ne pourrait, ni désigner cette chose, ni surtout épuiser sa signification[152].

Alors que le lecteur serait tenté toutefois de regagner la sécurité d'un langage substantiel en déplaçant simplement le cadre de l'identité, du nom commun au nom individuel (identité du fils à la mère, parenté avec les parents), Nietzsche déjoue cet autre piège en utilisant un même nom propre dans différents contextes, en lui accordant des sens et des valeurs variables. En faisant servir un même signe plusieurs fois, et dans des sens opposés, Nietzsche crée une béance et montre l'inadéquation entre les termes et les phénomènes qu'ils désignent. Cette rhétorique de la contradiction lui permet alors d'exposer l'inanité de la métaphysique, lorsqu'elle suppose l'adéquation possible d'une proposition à la « réalité ». C'est en jouant du langage lui-même que Nietzsche peut en indiquer les limites, et tenter de faire ainsi comprendre le caractère débordant et plurivoque des rapports de force malhabilement désignés. Le seul genre d'identité qui subsiste alors s'affirme dans le langage sous la forme d'une identité verbale de noms propres, et ne réfère à rien de plus qu'à une ressemblance partielle de modes, c'est-à-dire à une communauté d'affects.

---

[151] Pour une critique du langage comme réitération de métaphores falsifiantes, voir *VMEM*.

[152] Sur ce problème de la dénomination des forces (les « intensités ») par des signes, voir P. Klossowski, *Nietzsche et le cercle vicieux*.

Conclusion sur la substance éthique

Nous voyons donc que le type d'être décrit et délimité par Nietzsche comme objet du rapport à soi est le corps, mais le corps pris dans une acception nouvelle. Ce qui est en fait en jeu, c'est le « Soi » comme mode vivant, capable de s'insérer dans le tissu des forces et des affects : en un mot, c'est l'organisme.

On se rappelle que dans son analyse des modes de subjectivation, Foucault désignait comme premier critère d'analyse de ceux-ci, tout à la fois la substance éthique matérielle découpée par l'individu, et les éléments qui, en elle, font problème : ainsi le « corps » grec était inséparable des plaisirs (*aphrodisia*) qu'il rendait possible ; la « chair » chrétienne ne prenait son sens que rapportée au « désirs » qu'elle générait. Si nous revenons à *Ecce Homo*, nous devons nous demander : quelle est la contrepartie de l'organisme nietzschéen ? Nous avions dit que l'organisme était le terme qui convenait le mieux pour désigner une conception modale du « Soi » corporel ; or, ce qui « arrive » à un organisme modal, ce sont des interactions, des rencontres[153]. On verra que certaines interactions retiennent plus fortement l'attention de Nietzsche[154] : celles qui concernent la nourriture, tout d'abord, le lieu et le climat ensuite, et finalement les « délassements » : lecture, musique et relations sociales. Ce que nous pouvons dire pour l'instant, c'est que la substance éthique découpée par Nietzsche dans *Ecce Homo* se définit ainsi : il s'agit de l'*organisme* et de ses *interactions*.

Ce découpage éthique novateur permet d'accomplir l'un des projets que Nietzsche avait formalisé avant même l'écriture d'*Ecce Homo* : le projet de désubjectivation. En centrant en effet le rapport à soi sur l'organisme et ses interactions, le « Soi » se désubjective, et échappe aux catégories traditionnelles du « moi » métaphysique, et ce de plusieurs façons.

Tout d'abord l'insistance sur la corporalité du « Soi » produit, comme nous l'avions déjà signalé, un intéressant effet de déresponsabilisation. Quand l'ensemble des comportements d'un

[153] Voir G. Deleuze, *Spinoza, philosophie pratique,* « Spinoza et nous ».
[154] *EH, PJSA,* §8.

individu dépend, non pas de décisions personnelles mais d'une pulsionnalité fondamentale – qu'elle soit simple ou, comme dans le cas de Nietzsche, double – il ne saurait plus être question de responsabilité, de bonne ou de mauvaise volonté, de « faute ». L'individu ne peut plus se sentir coupable ni accusé, il se vit au contraire comme innocent et nécessaire.

Nietzsche se pense de plus comme un mode, c'est-à-dire comme un organisme interactif privé de base substantielle et de consistance extensive. Par-là, le « moi » se trouve libéré de toute assignation d'existence, et ne possède plus de lieu propre. L'individu n'est donc plus circonscrit : il existe partout où il se produit, partout où il interagit. Il n'a plus de centre qui pourrait servir de substrat aux manœuvres de la métaphysique.

Enfin, cette définition du « Soi » comme organisme subvertit la distinction entre moi et autrui, entre intérieur et extérieur. Car si le « Soi » existe dans ses interactions, alors certains aspects du « Soi » relèveront, dans les catégories métaphysiques, aussi bien du « moi » que de « l'autrui ». Nietzsche ne conçoit plus le monde comme fait de substances qui se rencontrent, mais comme un ensemble modes qui interagissent, se composent, et forment par-là de nouveaux modes individuels à leur manière. Les distinctions métaphysiques se dissolvent, l'intériorité close est abolie. Si l'identité existe encore, elle est faite de ressemblances modales et ne réside que dans la similarité de deux rapports de forces. En ce sens, la subjectivité devient anonyme, ou plutôt elle prend tous les noms nécessaires à sa désignation la plus fine. On comprend alors l'importance des noms propres dans la définition des styles vitaux : car Nietzsche est certes Monsieur Nietzsche, mais « qu'importe M. Nietzsche »[155] ! Puisqu'il est tout autant son père, sa mère, Dionysos, Jules César, etc..

En définissant le « Soi » comme un organisme modal qui connaît des excitations, Nietzsche enclenche donc un processus de désubjectivation qui subvertit les cadres traditionnelles de l'individualité, abolit les barrières entre le « moi » et « l'autrui ». C'est ce projet de désubjectivation qui forme la base nécessaire à la réalisation de l'autre projet annoncé autrefois par Nietzsche : celui d'un égoïsme supérieur. Nous allons maintenant concentrer notre

---

[155] *GS,* Préface à la deuxième édition, §2.

étude sur le deuxième chapitre d'*Ecce Homo*, intitulé *Pourquoi je suis si avisé*. Nous y analyserons d'une part la création de cet égoïsme supérieur ; d'autre part, nous continuerons à suivre le fil conducteur de la typologie foucaldienne des modes de subjectivation, et nous tenterons de nous renseigner sur la nature du *mode d'assujettissement* qui caractérise le rapport à soi instauré par Nietzsche.

Chapitre 3 : Mode d'assujettissement ; l'invention d'une morale diététique

Vers la morale diététique

En suivant toujours la typologie foucaldienne des modes de subjectivation, nous allons maintenant tenter de savoir ce qui forme, dans *Ecce Homo*, le deuxième critère du rapport à soi. Quel est le mode d'assujettissement qui permettra de problématiser l'organisme et ses interactions, dont nous avions dit que Nietzsche les avait délimités comme substance éthique, base du rapport à soi ? Quel genre de règle devra assurer la subjectivation morale de ce « Soi » conçu de manière modale ? C'est sur le deuxième chapitre d'*Ecce Homo*, intitulé *Pourquoi je suis si avisé*, que nous allons maintenant concentrer notre recherche.

Ce que nous devons d'abord dire, c'est que la règle éthique qui s'appliquera à l'organisme nietzschéen différera radicalement des normes morales traditionnelles, tant dans son contenu que dans son mode d'application. L'ancienne morale idéaliste, dont les valeurs étaient par exemple portées par la culture allemande classique, prenait pour buts des idéaux abstraits, comme le Bien ou le Vrai. La morale utilitariste du 19ème siècle désignait de son côté « l'utile » comme fin – concept dont Nietzsche put dénoncer le caractère psychologiquement fictif.

La « morale » nietzschéenne sera entièrement différente de celles-ci ; elle devra être en adéquation avec une conception perspectiviste du monde pensé comme ensemble de volontés de puissance. Nietzsche se place en effet par-delà le Bien et le Mal, sur le plan des forces ; ce n'est que de manière immanente, pragmatique et vitale, qu'il s'autorise à discriminer le « bon » et le « mauvais ». Ainsi, une chose est « bonne » pour un organisme donné si elle accroît sa puissance, « mauvaise » si elle la diminue.

C'est de ce principe, si simple en apparence, que découlera la règle éthique qui formera le principe du mode d'assujettissement propre à la subjectivation nietzschéenne. Cette règle ne sera ni utilitariste ni idéaliste, mais *diététique* : « Pour plus de commodité, on peut se la formuler ainsi : Comment au juste dois-tu te nourrir pour atteindre au maximum de ta force, de la *virtù*, au sens de la Renaissance, de la vertu "garantie sans moraline" ? »[156].

Ayant donc renoncé à saisir son « moi » de manière substantielle ou véritable, Nietzsche ne possède plus qu'un « Soi » organique qui doit être défini comme un mode spécifique de la force. Ce que veut toute éthique saine, c'est alors nécessairement l'accroissement de ce « Soi », l'augmentation de sa force et de sa santé. Nous qualifions une telle morale de « diététique », dans la mesure où Nietzsche prend l'acte de nutrition comme paradigme de problématisation de toutes les interactions qui peuvent concourir à la santé du « Soi ».

---

[156] *EH, PJSA, §1.*

L'importance des « choses mineures »

L'acte de subjectivation moral proprement nietzschéen consiste donc à problématiser les interactions de l'organisme sous l'angle diététique. La question à poser est alors : quelles interactions doit-on rechercher – ou éviter – pour atteindre la plus grande santé possible ?

Pour effectuer cette problématisation, Nietzsche commence par déterminer un certain nombre d'interactions qui réclament son attention. Il évoque tout d'abord les problèmes de régime alimentaire, puis la question du lieu de vie et du climat, et enfin celle des « délassements » – terme qui comprend à la fois la lecture, la musique, et dans une certaine mesure le commerce des hommes. L'intérêt de Nietzsche se focalise donc avant tout sur des « choses mineures »[157], des détails : des menus aspects de la vie qui apparaissaient aux yeux des morales idéalistes comme dénués d'importance et de dignité. Nietzsche, en mettant ces considérations au premier plan de la morale, effectue une rupture provocatrice. Mais ce retournement de la perspective morale n'est pas seulement une provocation : il est la réponse rigoureuse à un problème philosophique réel.

Pour Nietzsche en effet, la nutrition a beaucoup plus d'importance et de capacité de détermination que, par exemple, une idée abstraite telle que « Dieu » ou « le Bien ». Ceux qui prennent à leur compte de tels idéaux abstraits ne le font en effet que parce que leur complexion affective les mène à haïr la vie et à la critiquer au nom d'arrière-mondes qu'ils inventent à cet effet. « Dieu », selon Nietzsche, n'est qu'une notion creuse dont se servent ceux qui détestent l'existence terrestre pour la dénigrer : sa raison d'être ne réside pas dans son contenu, mais dans la posture vitale qui la rend possible. On comprend ainsi que Nietzsche classe la plupart des athées de son époque dans le camp des croyants qui s'ignorent.

Si donc les grandes idées ne sont pas déterminantes, c'est en revanche le cas de la nutrition. En effet, un régime alimentaire, selon

---

[157] « Ces choses mineures – alimentation, lieu, climat, délassements, toute la casuistique de l'égoïsme – sont infiniment plus importantes que tout ce que l'on a jusqu'à présent tenu pour important », *EH, PJSA*, §10.

qu'il est bénéfique ou dangereux, change la complexion corporelle et affective de celui qui le pratique, et en cela détermine l'ensemble de son mouvement vital – y compris son mouvement intellectuel. Les dangereux mensonges de la métaphysique doivent donc également se comprendre comme les produits d'un mode de vie matériellement absurde : « Mais la cuisine allemande en général – que n'a-t-elle pas sur la conscience ! [...] on comprend du même coup l'origine de *l'esprit allemand* ; il naît de tripes dérangées »[158].

L'insistance de Nietzsche sur la nécessité de réduire la morale à une diététique est d'autant plus justifiable que ces « choses mineures » comme la nutrition sont, non seulement des phénomènes plus déterminants pour la vie que les « grands idéaux », mais sont de plus les seuls phénomènes à propos desquels une prise de conscience peut avoir une efficace quelconque. On sait en effet que Nietzsche réduit l'esprit conscient à n'être qu'un organe du corps – au lieu de constituer le substrat déterminant de l'individualité humaine. En conséquence, les actions conscientes ne peuvent avoir un effet que de manière marginale. Elles sont incapables de changer l'ensemble du comportement d'un individu vivant – car c'est là le rôle des pulsions – et ne peuvent avoir un impact que de manière minime et locale, à l'occasion de décisions ponctuelles.

L'être vivant ne peut pas consciemment modifier ses pulsions, ses tendances, ses manières de penser ; à l'inverse, il peut changer sans trop de difficultés son régime alimentaire. Les « choses mineures » de l'alimentation, du lieu de vie ou des lectures, sont donc non seulement des éléments déterminants pour l'organisme, mais surtout les seuls sur lesquels la conscience peut avoir une prise. Il est donc doublement logique que ces éléments forment le socle d'une problématisation éthique ; il est naturel aussi que l'éthique se réduise à une « diététique ».

Une fois admise, donc, l'importance de ces « choses mineures », Nietzsche découvre la nécessité d'une sagesse pratique. Pour penser les modalités de cette sagesse, il se servira du modèle de la nutrition : « Il faut *connaître* la taille de son estomac »[159], nous explique-t-il. La première chose essentielle est donc d'être renseigné sur nos capacités d'assimilation : que peut-on ingérer sans peine ?

[158] *EH, PJSA,* §1..
[159] *EH, PJSA,* §1.

Quels aliments profitent à notre corps, augmentent sa santé, viennent le renforcer ?

Nietzsche entreprend alors d'exposer sa propre typologie diététique, qui est le fruit d'années d'expériences : quelle boisson, à quels moments[160] ? Quelle cuisine est la plus souhaitable[161] ? De même pour le climat et le lieu, qui ont une importance cruciale dans la mesure où ils modifient la vitesse des « échanges organiques », et donc des différents processus d'assimilation. Sur ces sujets, seule l'observation attentive et l'accumulation d'expériences prudentes peuvent amener à des conclusions pertinentes. Ainsi, lorsqu'il s'agit d'estimer la valeur des différentes options climatiques, on peut tout d'abord se référer aux indications historiques[162], auxquelles on adjoindra les renseignements que nous offre une acuité sensorielle accrue à force d'observation[163].

Enfin, les délassements, et au premier chef la lecture, constituent l'équivalent psychologique ou intellectuel de la nutrition. Dans un cas comme dans l'autre, il s'agit de l'appropriation par le « Soi » d'un corps étranger, appropriation qui comporte autant de risques que de bénéfices potentiels[164]. L'objet d'une morale diététique est de réguler cette appropriation pour qu'elle profite au « Soi ». La régulation pourra alors s'effectuer de manière aussi bien quantitative[165] que qualitative[166].

---

[160]« Les boissons alcoolisées me font du mal »; « Ce qu'il nous faut, c'est de l'eau »; « Le thé ne convient que le matin », *Ibid.*

[161] « Mais la cuisine allemande en général – que n'a-t-elle pas sur la conscience ! [...] On comprend du même coup l'origine de l'esprit allemand : il naît de tripes dérangées... L'esprit allemand est une indigestion : il ne peut plus rien assimiler »; « La meilleure cuisine est celle du Piémont », *Ibid.*

[162] « Il suffit de récapituler les endroits où [...] le génie s'est, presque nécessairement, acclimaté : tous ont un air remarquablement sec. Paris, la Provence, Florence, Jérusalem, Athènes », *EH, PJSA,* §2.

[163] « Maintenant que, grâce à un long apprentissage, je sais lire en moi – comme je le ferais sur un instrument de mesure sensible et sûr », *Ibid.*

[164] « Permettrai-je qu'une pensée étrangère escalade ce mur à la dérobée ? – C'est pourtant ce qui se passerait si je lisais... », *EH, PJSA,* §3.

[165] « Il n'est peut être pas dans ma manière de lire beaucoup [...] une salle de lecture me rend malade », *Ibid.*

[166] « Je cherche presque toujours refuge auprès des mêmes livres, en petit nombre au fond, les livres qui pour moi ont fait leurs preuves. Il n'est peut être pas dans ma manière de lire [...] dans tous les genres [...] La circonspection, et même l'hostilité

Dans tous ces domaines donc – nutrition, climat, délassement – Nietzsche élabore un régime rigoureux en vue de la santé. La problématisation diététique semble fournir la base d'un partage assez simple entre « mauvaises » et « bonnes » interactions. Il se peut toutefois que la discrimination éthique ne soit pas aussi évidente ; pour comprendre les véritables difficultés auxquelles se heurte cette morale diététique, il nous faut nous pencher plus précisément sur ce qu'est cette « santé » du « Soi » recherchée par Nietzsche.

Morale diététique et « grande santé »

Nietzsche doit donc évaluer les diverses interactions propres au corps selon leur propension à augmenter la puissance et la santé de l'individu. Il faut toutefois tenter de définir plus précisément cette santé, qu'il a commodément décrite comme correspondant au « maximum » de la « force », de la « *virtù* », bref, à un état de « vertu garantie sans moraline ».

Cette conception de la santé peut d'abord sembler uniquement quantitative : elle signifie la possession d'un maximum de forces. Tout régime qui s'y réfère impliquerait donc que le critère de choix des interactions soit le « plus » et le « moins » : toute rencontre qui apporte de la force à l'organisme est bonne ; toute rencontre qui l'affaiblit est mauvaise.

On aurait tort toutefois d'en rester là, en concluant à la simplicité d'un tel régime. En fait, la conception nietzschéenne de la santé peut être indifféremment qualifiée de « quantitative » ou de « qualitative », selon le niveau d'analyse utilisé. Le corps, rappelons-le, est un mode ; or, la taille et la puissance d'un mode ne se définissent pas seulement par la quantité de matière ou d'énergie matérielle que celui-ci fait entrer en jeu. Car l'idée de matière quantifiable appartient encore à une conception substantialiste du monde ; seule l'analyse extensive d'un phénomène ou d'un corps permet en effet de mesurer une telle quantité – comme quantité de

---

envers les nouveaux livres correspondrait davantage à mon instinct que la tolérance, la largeur du cœur... », *Ibid.*

substance mise en action. La véritable « force » d'un mode dépend en réalité de la diversité de ses interactions, de ses capacités d'affection. Une *virtù* ascendante qualifie un corps qui augmente ses capacités d'affection – par affection nous entendons tendance à l'action, pouvoir d'affecter et d'être affecté. Une *virtù* descendante, à l'inverse, est l'apanage d'un corps malade qui voit de ce fait ses possibilités se restreindre.

Si l'on continue de raisonner selon un schéma partiellement substantialiste donc, la santé nietzschéenne ne se qualifie pas de manière quantitative, mais qualitative : un corps en bonne santé n'est pas seulement un corps massif, développé, capable de manipuler de grandes quantités de matière ; c'est aussi et plutôt un corps divers, subtil, varié. Mais cette même conception devient purement quantitative une fois abandonnée l'illusion de la substance ; car sur un plan modal, la diversité des affections peut être définie comme quantité : quantité de modes, quantité de rapports de force, ou, pour le dire en détail, quantité de rapports de quantité – un rapport de force étant la tension entre deux *quanta* de forces – et ainsi à l'infini, chaque mode subordonnant d'autres modes plus simples.

Ces précisions nous forcent à affiner notre description de la problématisation nietzschéenne des interactions corporelles. Car la santé, la véritable santé, ce que Nietzsche dans le *Gai savoir* nommait la « grande santé »[167], n'est pas simplement une donnée chiffrable et brute qu'il s'agirait d'augmenter, comme mécaniquement, par l'apport d'éléments souhaitables. Elle consiste en un affinement et une complexification du mode individuel, et en ce sens, nous allons voir qu'elle fait problème car un corps en « grande santé » devra nécessairement inclure dans son mouvement la maladie et la blessure.

Une excitation, une interaction, une affection, se définissent en effet toujours comme un certain type de blessure. Elles naissent de l'interaction avec un corps étranger, un individu modal différent. L'acte d'assimilation est un processus dangereux, car il consiste, pour un mode donné, à tenter la subordination du second mode, avec tous

---

[167] « *La grande santé* – Nous autres qui sommes nouveaux, sans nom, difficiles à comprendre, nous autres prémices d'un avenir encore incertain – nous avons besoin pour un nouveau but d'un moyen également nouveau, c'est-à-dire d'une nouvelle santé, plus vigoureuse, plus maligne, plus tenace, plus téméraire, plus joyeuse que ne le fut toute santé jusqu'alors », *GS*, §382.

les risques que l'opération comporte. L'assimilation peut échouer, le second mode se révélant trop différent, trop dangereux, ou trop nocif. La rencontre produit alors un affaiblissement ou une destruction – par décomposition des rapports.

Mais les interactions corporelles ne débouchent pas seulement sur la réussite ou l'échec, sur la subordination ou la destruction. L'acte d'assimilation recèle un autre risque : car une assimilation trop achevée réduit le mode second à l'identique (« ad-similare » signifie : « rendre similaire »). La subordination trop parfaite d'un mode rendu identique n'apporte jamais qu'une extension stérile au mode vainqueur : elle ne peut ni le complexifier, ni le diversifier. L'interaction la plus productrice et la plus féconde qui soit n'est donc pas l'assimilation parfaite, mais la blessure, la lésion, capable d'ouvrir une brèche dans l'individu qui la reçoit. C'est seulement à cette condition qu'une véritable complexification de l'individu peut ensuite avoir lieu ; c'est seulement ainsi que ce dernier peut voir ses capacités d'affection augmentées[168].

Dans *Pourquoi je suis si sage* déjà, Nietzsche définissait la décadence comme un danger, un risque. La décadence généralisée mène en en effet à la destruction de l'individu. Mais nous avions vu également que cette décadence constituait la meilleure chance de diversification de l'organisme. Elle seule, en effet, permettait au corps d'augmenter et d'affiner ses perceptions ; elle seule apportait l'exubérance spirituelle et la clarté d'esprit. La « grande santé », de ce fait, ne doit pas s'opposer à la maladie. Elle consiste plutôt en un processus de mise en perspective du corps sain par le corps malade, puis du corps malade par le corps sain. Elle exprime l'état spécifique d'un être fondamentalement sain, mais d'une santé telle qu'elle lui permet de tourner à son avantage même les processus locaux de décadence qu'il subit. La grande santé revient en effet à considérer la maladie elle-même comme un « stimulant énergique de la vie »[169], et à tirer parti des perspectives d'approfondissement qu'elle présente.

Problématiser les interactions sous l'angle de cette grande santé, qui inclut la nécessité de la blessure, signifie donc bien plus qu'opérer un partage entre, d'un côté les interactions ayant à être recherchées, de l'autre celles qu'il faut fuire. La diététique

---

[168] Voir B. Stiegler, *Nietzsche et la biologie.*
[169] *EH, PJSS, §2.*

nietzschéenne doit parvenir à un régime subtil, qui permette à l'organisme d'éviter plusieurs écueils.

Tout d'abord, le « Soi » doit connaître suffisamment d'interactions pour pouvoir continuer de croître, en s'ouvrant à de nouvelles puissances et à de nouvelles affections. Car s'il n'y parvient pas alors il ne connaîtra qu'une vie faible, monotone, stupide et bestiale. Mais il n'est pas non plus envisageable d'augmenter imprudemment la diversité des expériences. En effet, un excès d'interactions mettant en jeu des modes trop différents, des corps trop étrangers, peut mener à la décadence totale. Or le « Soi » doit éviter une telle dés-unification du mode, qui aurait pour conséquence l'affaiblissement voire la mort. Enfin, le « Soi » court un dernier danger, bien plus probable que la destruction et presque aussi périlleux. L'organisme, soumis à de nombreuses et diverses interactions, peut en effet avoir tendance à augmenter la vigueur du processus d'assimilation. Le corps agit ainsi pour se préserver lui-même ; mais un problème se pose car, de ce fait, chaque interaction risque d'être immédiatement réduite à l'identique, au déjà-vu. Toute possibilité de rencontre réelle et d'interaction féconde se trouve alors annihilée.

En termes psychologiques, le premier risque – l'affaiblissement du moi – se traduit par le dégoût des autres et la haine de la vie. A force d'interactions et de blessures, le corps finit par s'affaiblir et par ne plus pouvoir les supporter ; la misanthropie ne serait ainsi, bien souvent, que la conséquence d'un appétit trop vorace pour l'humanité[170]. Le second risque consiste lui en une vigueur excessive de l'assimilation, qui empêche toute préhension de nouveauté. L'individu devient insensible, excessivement endurci.

Dans un aphorisme du *Gai savoir,* Nietzsche décrivait ainsi le stoïcien à « la peau dure », « hérissée de piquants », et l'opposait à « l'excitable » épicurien. Le problème du stoïcien est en effet qu'il « s'exerce à avaler pierres et vermines, éclats de verre et scorpions, et à rester sans dégoût ; il faut que son estomac devienne indifférent à

---

[170] « On ne se dit sursaturé des gens que quand on ne peut plus les digérer, alors qu'on en a tout plein l'estomac. La misanthropie n'est que la conséquence d'un amour trop gourmand pour l'humanité, d'une "anthropophagie" – mais qui donc, mon prince Hamlet, vous incita jamais à avaler les gens comme des huîtres ? » , voir *GS*, §167.

tout ce que le hasard de l'existence déverse en lui »[171]. Une fois cet apprentissage mené à bien, rien de ce qui lui arrive ne peut plus devenir une véritable interaction ; rien ne peut modifier son corps, le faire croître, le complexifier. C'est cette insensibilité apathique, qui empêche la rencontre en réduisant toute interaction à l'identique, et qui n'est qu'une fausse santé[172], que Nietzsche comme philosophe-médecin désire éviter.

L'autodéfense vitale

La difficulté est donc de parvenir à limiter les interactions par une régulation attentive, afin que celles que l'on laisse advenir puissent être vécues dans toute leur force, selon toutes leurs dimensions, offrant ainsi les plus grandes chances de blessure subtile. C'est seulement de cette manière que pourront être augmentées les perspectives de complexification et de croissance du corps. Une diététique limitative des interactions est donc nécessaire pour préserver la fécondité de ces dernières.

Comment doit s'effectuer cette limitation ? Quelle forme doit prendre l'autodéfense face aux interactions ? Le problème est qu'on ne peut apparemment pas connaître la nature d'une interaction – bonne ou mauvaise – avant de l'avoir véritablement vécue. Il semble donc qu'il faille accepter chaque interaction pour la goûter, la tester et l'évaluer, afin de pouvoir décider par la suite, soit de se défendre contre elle – en l'évitant ou en l'assimilant – soit de l'expérimenter pleinement.

Or c'est là que va résider la difficulté de la diététique nietzschéenne. Car l'autodéfense vitale, pour être féconde, ne doit justement pas devenir une lutte permanente. Se soumettre d'emblée aux interactions, avant de décider de se barricader contre elles, ou au contraire de les laisser advenir, est le meilleur moyen d'épuiser sa force vitale. En effet, nous dit Nietzsche, « les dépenses purement

---

[171] *GS*, §306.

[172] Ou une santé purement négative, qui consiste simplement en un évitement de la maladie et de la souffrance, et non en une intensification et une complexification de la vie.

défensives, même minimes, si elles deviennent la règle, l'habitude, provoquent un appauvrissement extraordinaire et totalement inutile »[173]. C'est justement parce qu'il avait à se défendre constamment contre la vie que le stoïcien développait un « estomac indifférent » et une peau « hérissée de piquants ». Toute son énergie vitale était concentrée dans cette défense, dans cet effort pour réduire à l'indifférence les interactions nocives provenant de l'extérieur ; mais il perdait du même coup l'affectivité et la force qui lui auraient permis de s'abandonner à de fécondes – quoique dangereuses – interactions. L'assimilation, la défense, devenaient trop vigoureuses, et constituaient la majeure partie de ses dépenses vitales.

Voilà le paradoxe : l'autodéfense doit être quasiment instinctive. Elle doit prendre la forme, non d'une lutte permanente, mais de choix raisonnés, prudents et précautionneux qui écartent à l'avance, et avec une grande économie d'énergie, la foule des rencontres néfastes. En d'autres termes : plutôt que de se défendre à chaque repas, il faut changer son régime alimentaire. Plutôt que d'être sur ses gardes en marchant dans la rue, changer de lieu de résidence pour en trouver un qui nous convienne[174]. Enfin, plutôt que de connaître la souffrance et la déstabilisation en lisant de nombreux livres tous dissemblables, ce qui nous ferait devenir indifférent à leurs subtilités – car, pour ne pas souffrir de ces discours si contradictoires, nous finirions par aborder chaque livre avec des catégories grossières, réductrices, et donc, protectrices – il faut choisir avec circonspection les ouvrages qu'on laisse venir à soi.

Bref, Nietzsche recommande de mettre en place un régime de prudence ; mais cette méfiance ne traduit pas un rejet du nouveau. Elle a au contraire pour fonction de préserver tout ce que les interactions peuvent porter en elles d'inédit. Se garder des évènements brusques, divers et violents, afin de pouvoir vivre pleinement ceux que l'on laisse venir à soi. Eviter les interactions trop multiples ou désordonnées, dans le but de conserver la capacité d'accueillir et de prendre au sérieux celles que l'on rencontre. Se défendre au maximum, mais afin d'avoir, « non des piquants, mais des mains

---

173 *EH, PJSA,* §8.

174 « Supposons qu'en sortant de ma maison, je trouve, au lieu de l'aristocratique et calme Turin, la petite ville allemande : mon instinct devrait alors se barricader pour repousser tout ce qui, de ce monde veule et plat, l'assaillerait », *Ibid.*

ouvertes... »[175].

Comment construire les modalités précises de cette morale diététique ? Nietzsche peut certes s'appuyer sur le savoir pratique qu'il acquiert à la suite d'expériences attentives. Toutefois, il doit nécessairement projeter dans l'avenir ce savoir empirique, en opérer des prolongements prescriptifs. Autrement dit, les expériences que l'on fait ne sont vraiment utiles que si elles sont soutenues par un instinct fort et sûr qui parvient à les utiliser : « Le penseur doit avoir en lui un canon approximatif de toutes les choses qu'il veut encore expérimenter »[176]. S'ensuit une vie peuplée de peu d'interactions différentes, mais dont chacune peut être vécue entièrement, prise véritablement au sérieux.

A quoi peut ressembler une de ces interactions vécues pleinement, *réussies* en ce qu'elles enrichissent celui qui les connaît ? Nietzsche donne à ce propos l'exemple de ces relations avec Wagner. Tout commença par une séduction, une attirance, qui est la conséquence d'expériences et de dispositions communes[177]. Il fallait alors, pour que l'interaction ait un effet, que Nietzsche soit « mûr » pour elle, c'est-à-dire que son affectivité lui permette d'être sensible aux nuances offertes par Wagner – et en l'occurrence par sa musique[178]. Cette interaction était toutefois dangereuse : d'abord parce que la sensibilité de Nietzsche à la musique wagnérienne était signe de maladie et de faiblesse[179]. Ensuite parce que l'effet de Wagner n'était pas curatif : il prolongeait et amplifiait au contraire la dégénérescence. La musique wagnérienne était donc par excellence une « blessure », capable de toucher et de modifier l'être au plus profond de lui-même – tout en lui faisant courir le risque de la destruction.

Nietzsche possédait toutefois assez de force vitale, assez de santé, pour tirer parti même de cette dégénérescence – et du

---

175 *Ibid.*

176 *Au,* §555.

177 « Nous qui avons respiré dans notre enfance les miasmes des années 50, nous sommes forcément pessimistes quant à ce que désigne le terme "allemand"; nous ne pouvons être que des révolutionnaires »; « mon premier contact avec Wagner fut le premier moment de ma vie où je respirai », *EH, PJSA,* §5.

178 « Je tiens pour une chance de premier ordre d'avoir vécu au bon moment, et précisément parmi les Allemands, d'avoir été mûr pour cette œuvre », *EH, PJSA,* §6.

179 « Le monde est pauvre pour celui qui n'a jamais été assez malade pour cette volupté », *Ibid.*

raffinement qui s'ensuivit. Il put mettre cette décadence au service de la vie. Ayant connu l'interaction wagnérienne de fond en comble, ayant vécu les « cinquante mondes d'extases inconnues jusqu'où, avant lui [Wagner], personne n'avait pu voler d'un coup d'aile », s'étant fait publiquement wagnérien, ayant défendu son esthétique et sa musique[180], Nietzsche en retira finalement des apprentissages féconds : « Et, fait comme je le suis, assez fort pour tourner encore à mon avantage ce qu'il y a de plus problématique et de plus périlleux, et de n'en devenir que plus fort, je nommerai Wagner le grand bienfaiteur de ma vie », déclare-t-il finalement dans *Ecce Homo*[181].

Aurait-il pu trouver des enseignements aussi profonds dans une multitude de doctrines, de modes et de musiques, qu'il aurait survolées en les observant une à une ? Probablement pas. Il fallait que Nietzsche soit wagnérien – ou autre chose – et qu'il vive cette interaction pleinement, qu'il accepte d'en courir tous les risques, pour en tirer véritablement profit.

La nouvelle forme de l'individualité

On le voit donc, la conception subtile que Nietzsche développe de la santé – cette « grande santé » qui doit inclure le passage par la maladie et la blessure – oblige à une problématisation complexe des interactions. Le mode d'assujettissement de ce rapport à soi est certes un rapport diététique, mais cette diététique doit être prudente et mesurée, car elle ne vise pas un objectif unique, mais au contraire une pluralisation des modes et des capacités. L'état de « grande santé », en effet, n'est pas chiffrable : il ne se définit pas par la possession d'une masse de substance ou par la maîtrise d'une quantité d'énergie, mais par la diversité et la pluralité unifiée des modes. La morale diététique ne peut donc pas simplement se contenter d'un partage entre « bonnes » et « mauvaises » interactions. Car c'est parfois la dangerosité de ces dernières qui fait leur fécondité et permet

[180] La fin de la *Naissance de la tragédie*, ainsi que la quatrième des *Considérations inactuelles*, sont consacrées à Wagner.
[181] *EH, PJSA*, §6.

la complexification, l'approfondissement du corps. Il s'agit donc de penser un régime vital qui évite aux interactions d'être rabotées, ramenées au « déjà-vu ». La nouveauté, et même la dangerosité des interactions doivent être préservées contre une santé trop vigoureuse et trop grossière, une assimilation trop parfaite, un estomac trop indifférent, qui réduiraient une diversité périlleuse à l'inoffensif et à l'inintéressant.

Mais la « grande santé » du corps ne réside pas simplement dans sa diversité interne. Elle implique aussi une originalité du « Soi » au regard des modes d'être communs qui constituent le corps social. Nietzsche, en effet, ne construit pas le modèle d'un individu parfait qui aurait ensuite à être reproduit à l'identique par chacun ; la réussite modale réside dans la diversité et la complexité y compris à l'échelle de la collectivité. Le but d'une véritable morale diététique doit donc être également l'originalité du « Soi » qu'elle prend pour objet, et l'émergence en son sein d'une individualité propre. Pour comprendre comment le philosophe peut tenter de faire apparaître une telle individualité, il faut toutefois nous reporter à des textes antérieurs à *Ecce Homo*.

Nietzsche juge que la société à laquelle il appartient est incapable en elle-même de produire des individus originaux et différents. Il affirme qu'« on ne doit absolument pas présupposer qu'un grand nombre d'êtres humains sont des "personnes" [...] La plupart n'en sont aucune »[182]. Le caractère social de la vie, la grégarité des modes d'existence, font en effet que les actions apparemment les plus personnelles révèlent en fait bien souvent « une classe, un rang, une race de peuple, un milieu, un hasard »[183]. En évoquant la critique nietzschéenne de l'égoïsme, nous avions ainsi déjà vu que le matériau initial de notre esprit résidait dans les « rapports sociaux », c'est-à-dire dans « ce que les autres nous apprennent, ce qu'ils veulent de nous, ce qu'ils nous disent de craindre ou de rechercher »[184]. Comme la plasticité vitale de notre « Soi » corporel est mise au service de notre adaptation au monde social, nous ne cessons pas de reproduire en nous les modes les plus communs ; en conséquence, la plupart de nos spécificités « personnelles » sont déterminées par nos interactions

[182] *FP*, 1887, 10[59].
[183] *Ibid.*
[184] *FP*, 1880, 6[70].

sociales. Nous sommes façonnés – et réduits – au contact de la société.

Si le monde social tend à nous homogénéiser, où pouvons nous trouver un espace de résistance au sein duquel faire émerger des modes vraiment originaux ? Il ne saurait être question de faire appel à une intériorité souveraine, à un « moi » profond que l'on pourrait révéler et faire jouer contre la société. Nietzsche, en effet, a depuis longtemps critiqué et abandonné une telle vision de l'*ego*. Contre tout idéalisme, il a admis que les interactions – y compris les interactions sociales – et plus généralement les modes de vie et d'être, constituaient les déterminations fondamentales de l'individu. Ce constat, toutefois, n'est pas désespéré. Car c'est en partant de ces interactions que le philosophe de l'avenir pourra poser à nouveaux frais le problème de l'individualité.

Si un individu veut éviter sa propre grégarisation, et la reproduction en lui des modes les plus communs et les plus vulgaires, la meilleure option n'est pas de refuser « la » société, mais de se choisir « une » société. Ce qui permet l'émergence de l'individualité, c'est en fait la fréquentation d'un cercle restreint et cohérent, sorte de zone close – ou semi-close – au sein de laquelle se concentre l'investissement affectif, mental, corporel. C'est seulement dans une société restreinte et choisie que les interactions sociales peuvent atteindre à une forme de cohérence. Ainsi, au lieu de dissoudre la personne – à l'instar de la société globale qui ne laisse pas d'autre choix à ses membres que d'entrer en résonance avec l'ensemble des préoccupations et des interactions de son temps – un tel commerce humain permet de faire vivre et croître l'individu. Ces sociétés restreintes produisent en effet un ensemble cohérent d'interactions, qui font émerger un individu, non pas commun et plat, mais construit selon les règles d'un véritable style ; un homme qui, comme il se doit, possède « un centre » et « une périphérie »[185]. L'un des principaux atouts de l'être en bonne santé est d'ailleurs sa capacité à se choisir un entourage affectif[186] ; ce genre de choix est partie intégrante de l'application réussie d'un régime judicieux de régulation des interactions.

---

[185] *CI3*, §2.

[186] « Il est toujours dans sa société bien à lui, qu'il commerce avec des livres, des hommes ou des paysages », *EH*, *PJSS*, §2.

Que doit donc découvrir le philosophe ? Une société bien à lui ; non pas au sens le plus courant – un cercle d'amis ou une école de pensée – car il importe peu que cette société soit imaginaire ou matérielle, pensée ou vécue. L'essentiel est qu'elle soit expérimentée, qu'elle produise des effets et fasse advenir des interactions. Ce que doit donc choisir le philosophe, c'est une patrie, où qu'elle soit : un lieu d'investissement affectif et psychologique au sein duquel il pourra relâcher sa garde, accepter d'être façonné – du moins dans un premier temps – pour éviter à terme l'inféodation aux modes communs et aux manières vulgaires. Nietzsche n'est donc pas un idéaliste qui érige le « moi » contre le « monde » ; il préfère jouer une société contre une autre, une patrie contre une autre. Il nous reste alors à savoir quelle patrie il choisit lui-même, pour lutter contre la bêtise de l'esprit allemand et la fadeur du monde moderne.

Les « patries » nietzschéennes sont à géométrie variable. Montaigne est le premier cité, dès la troisième des *Considérations inactuelles*[187]. On le retrouve quelques années plus tard, dans un texte d'*Humain, trop Humain* où Nietzsche décrit très précisément ce qu'est pour lui cette société imaginaire : un cercle clos où il peut s'investir affectivement, accepter d'être traversé par autrui, tolérer d'être jugé et intérioriser ces jugements. Il s'agit d'un lieu à la fois mental et concret où se retrouvent autour de lui des auteurs morts, qui jouent à son égard le même rôle que la société des vivants pour la plupart de ses contemporains : « Epicure et Montaigne, Goethe et Spinoza, Platon et Rousseau, Pascal et Schopenhauer. C'est avec eux qu'il me faut m'expliquer quand j'ai longtemps marché seul, par eux que j'entends me faire donner tort ou raison, eux que je veux écouter quand ils se donnent eux-mêmes tort et raison entre eux. Quoi que je puisse dire, décider, imaginer pour moi et les autres, je fixe les yeux sur ces huit-là et vois les leurs fixés sur moi »[188].

Pour ne pas être rabattu sur la norme commune, Nietzsche refuse donc la fréquentation appauvrissante de ses contemporains ; il leur préfère la compagnie choisie d'individus exceptionnels dont il

---

[187] « C'est à côté de lui que je me rangerais si le devoir s'imposait de se choisir une patrie sur la terre », *CI3*, §2.
[188] *HTH II*, §408.

partage le tempérament et les humeurs[189]. A l'insignifiance et à la barbarie de la société moderne, il substitue un compagnonnage fantasmatique établi sur des critères d'affinités électives. « Façonner le Soi », dans cette perspective, ne signifie pas « se couper du monde », ni entamer un solipsiste culte du moi. Il s'agit au contraire d'accepter –de manière sélective et prudente – la société et le monde extérieur. L'émergence d'un individu ne peut en effet se produire qu'au travers même de ses expériences physiologiques, de ses investissements affectifs et de ses appartenances collectives.

La morale diététique de l'être sain agit alors comme une membrane[190] : elle laisse passer un certain type d'extérieur et refuse tout le reste, créant ainsi un monde partiellement clos qui permet le développement de formes de vie différentes de celles qui peuplent le dehors. L'individualité ainsi produite n'est jamais que l'individualité spécifique qui émerge de la sélection ; elle ne se définit que « perspectivement », par sa singularité. Elle ne peut jamais briser sa relation avec l'extérieur. Elle doit, enfin, ne s'évaluer que de façon immanente, sur des critères de nouveauté, d'originalité et de diversité.

Où en sommes-nous au temps d'*Ecce Homo* ? La formation de l'individu a déjà eu lieu. Les délassements, le vagabondage dans des « connaissances et des âmes étrangères » font partie des choses que Nietzsche ne prend « plus au sérieux »[191]. La spécificité a pu émerger, l'originalité et l'individualité de Nietzsche ont été la conséquence de cette vie solitaire, qu'accompagnait principalement la pensée d'auteurs morts et de grands esprits du passé. Ce qui subsiste pour Nietzsche, c'est tout d'abord la remémoration de ces « patries » qui lui ont tant appris, qui l'ont formé, mais qu'il a à présent abandonnées. C'est dans cette perspective qu'il relate longuement son investissement wagnérien[192]. Il décrit d'autre part celles de ses patries qui lui demeurent, mais qu'il considère dorénavant plutôt comme des lieux de délassements que de formation. Pour la littérature et la psychologie, il

---

[189] « Je ne me contente pas de lire Pascal, mais *l'aime* [...] J'ai quelque chose de la pétulance de Montaigne dans l'esprit – et qui sait ? – peut être dans le corps », *EH, PJSA*, §3.

[190] G. Simondon insiste sur l'importance de la membrane comme organe de polarisation sélective pour le processus d'individuation, voir *L'individuation : à la lumière des notions de forme et d'information.*

[191] *EH, PJSA*, §3.

[192] *EH, PJSA*, §5-6.

déclare ainsi appartenir à la France[193]; pour la musique, il choisit d'un côté la Pologne[194], de l'autre l'Italie[195].

Conclusion sur le mode d'assujettissement

L'organisme et ses interactions avaient donc été définis par Nietzsche comme formant la substance éthique ayant à être problématisée éthiquement dans *Pourquoi je suis si sage*. C'est sous l'angle diététique que cette problématisation s'est effectuée, comme l'a montrée la lecture de *Pourquoi je suis si avisé* – le deuxième chapitre d'*Ecce Homo*. Si l'organisme et ses interactions constituaient la substance éthique du mode de subjectivation nietzschéen, la règle diététique et l'exigence de santé en sont le mode d'assujettissement ; cela signifie que les diverses interactions propres à l'organisme comme mode ont à être typologisées et discriminées en fonction des perspectives de santé qu'elles proposent.

Nous avons vu toutefois que la « santé » n'était pas un concept monolithique, et qu'il ne devait pas donner lieu à des évaluations simplistes. En effet, la « grande santé » prônée par Nietzsche ne vise pas la simple augmentation chez l'individu de la

---

[193] « Au fond, ce à quoi je reviens toujours, c'est un petit nombre de Français anciens : je ne crois qu'à la culture française [...] Tout cela n'exclut nullement que les Français les plus contemporains me soient une *charmante* compagnie [...] Stendhal – une des plus belles rencontres fortuites de ma vie », *EH, PJSA*, §3.

[194] « Je suis encore assez Polonais pour cela, je donnerais pour Chopin tout le reste de la musique », *EH, PJSA*, §7.

[195] « Enfin, tout ce qui a poussé de l'autre côté des Alpes [...] Je ne saurais me passer de Rossini, et moins encore de ce qui est en musique mon Midi à moi, mon maestro vénitien Pietro Gasti », *Ibid.* On peut constater par ailleurs que le choix par Nietzsche des patries ne s'embarrasse guère d'appartenance nationales ou ethniques : Peter Gast est classé parmi les italiens, Wagner est de son côté qualifié de non-allemand et apparenté aux romantiques français de la seconde génération. Car ce qui importe, ce n'est pas le lieu de naissance ou l'origine familiale de ces individus – toutes choses parfaitement insignifiantes. Nietzsche s'intéresse bien plutôt à la typologie pulsionnelle de ces personnages, et, par extension, au type d'interactions qu'ils offrent à qui les fréquente.

force définie de manière univoque ; elle exalte au contraire la complexification et la pluralisation permanente des modes internes à l'organisme. Le défi de l'éthique nietzschéenne consiste à garder sans cesse l'équilibre entre, d'un côté, la tentation de la simplification excessive et de l'insensibilité, et de l'autre, le risque de la décadence et du démembrement de l'individu. La « grande santé » est cette oscillation permanente entre maladie et santé, entre blessure créatrice et régénération unifiante ; elle n'est pas un état, mais un mouvement.

Nous nous sommes également intéressés à la manière dont la conception modale du « Soi » permettait à Nietzsche de renouveler le problème de l'individualité. Car en critiquant le « moi » substantiel, celui-ci n'abandonne pas pour autant l'idée d'une personnalité propre à chacun. Simplement, une telle personnalité ne doit pas reposer sur l'appel à un « moi » profond et caché ; elle ne peut résider que dans la spécificité des rapports que le « Soi » entretient avec autrui, et dans la façon dont ces rapports se combinent de manière inédite pour forger une individualité novatrice. L'originalité de Nietzsche est de penser conjointement l'unicité de l'individu et ses appartenances collectives : l'essentiel, pour lui, est de refuser le nivellement du monde social, au profit des sociétés choisies et des communautés affectives.

Tandis que dans notre chapitre précédent nous avions étudié la manière dont le décentrement autobiologique effectué par Nietzsche – dans la délimitation de l'organisme comme base du rapport à soi – permettait d'enclencher un processus de désubjectivation, nous voyons ici que l'exposition de la morale diététique prolonge ce processus en direction de l'égoïsme supérieur. L'égoïsme supérieur était ce deuxième axe esquissé par Nietzsche avant même l'écriture d'*Ecce Homo*, et consistait dans le dépassement des morales métaphysiques ou utilitaristes au profit d'une vraie prise en compte de la puissance du « Soi ». Les concepts nietzschéens de grande santé, d'individualité modale, et de morale diététique, lui ont fait prendre forme.

Chapitre 4 : Travail éthique ; le jeu du récit, de la vérité et des masques

Le partage entre connaissance et ignorance dans le mode de subjectivation nietzschéen

Après avoir caractérisé comme diététique le mode d'assujettissement propre au processus de subjectivation nietzschéen, nous devons nous interroger sur le type de *travail* (ou *élaboration*) *éthique* que celui-ci implique. Foucault définissait ce travail éthique comme la façon dont l'individu produit un effort, non seulement pour se conformer aux règles, mais surtout pour se constituer comme sujet moral de sa conduite. La signification de ce concept est difficile, elle peut même paraître obscure ; aidons-nous du commentaire de Deleuze à ce propos : « Le troisième pli est le pli du savoir, ou le pli de vérité, en tant qu'il constitue un rapport du vrai à notre être, et de notre être à la vérité ». Le travail éthique définira donc pour nous le rapport à la vérité impliqué par la constitution de soi comme sujet moral. Quel type de vérité l'individu devra-t-il rechercher en lui et autour de lui pour se subjectiver ?

Chez les Grecs classiques, l'individu devait s'interpréter lui-même comme le lieu d'un combat entre les mauvais désirs et la volonté qui cherche à les ployer. Dans la morale chrétienne au contraire, le travail éthique consistait en un déchiffrement permanent des formes du désir, dont il s'agissait d'aller partout débusquer la présence et établir la signification. Nous devons donc tenter de savoir quel type de rapport interprétatif à sa propre existence semble promu par *Ecce Homo,* afin de connaître la nature véritable du « pli de vérité » propre au mode de subjectivation nietzschéen.

Certains éléments de réponse semblent fournis dès la fin du deuxième chapitre d'*Ecce Homo – Pourquoi je suis si avisé*. Nietzsche y décrit en effet le régime spécifique de connaissance et d'ignorance qui semble requis pour le bon fonctionnement de sa morale diététique. D'un côté, il fait l'éloge d'une sagesse pratique des interactions, capable de guider l'individu dans ses expérimentations et dans ses choix de vie ; c'est cette fameuse connaissance des « choses mineures » – évoquée dans notre chapitre précédent – qu'il veut réhabiliter contre vingt-cinq siècles d'idéalisme obtus. De l'autre, il met en garde contre toute tentative de connaissance globale de soi-même : « En admettant en effet que la tâche, le sens de la tâche, ait une importance supérieure à la moyenne, le plus grave danger serait de s'apercevoir attelé à cette tâche » ; « là où le *nosce te ipsum* serait le plus sûr moyen de se perdre, c'est s'oublier, se mécomprendre [...] qui devient la raison même »[196]. Si l'individu peut donc développer une forme de connaissance pratique, il doit éviter au contraire de se comprendre lui-même de manière globale et prémonitoire ; il ne doit pas subodorer le sens à venir de sa propre existence.

Ce partage ne se comprend que dans la perspective de la morale diététique nietzschéenne. En effet, alors qu'un savoir concret des « choses mineures » est une chose bénéfique pour la santé, puisqu'elle permet à l'individu de sélectionner les interactions et

[196] *EH, PJSA,* §9.

d'éviter les rencontres fâcheuses, ce n'est pas le cas d'une prémonition globale quant au sens de sa vie. En effet, seule une vie vécue sincèrement peut se hausser jusqu'à son propre sens ; et un tel sens ne signifie rien hormis la pluralité d'actions et d'affections, apparemment contradictoires, qui remplissent l'existence de chacun et lui donnent son style particulier. Une prémonition de son propre destin ne serait donc que la saisie artificielle et grossière de ce qui n'est qu'une simplification terminale de l'existence.

Rien n'est donc plus dangereux pour l'accomplissement d'un destin, que la compréhension par l'individu de ce destin. Un « destin », ce n'est en effet que l'unification *a posteriori* d'une vie vécue. Si la conscience, par une intuition, saisit à l'avance cette unité qui n'est unité qu'à venir, elle bouleverse l'ordre naturel des actions et des illusions que la vocation exigeait pour son accomplissement. Elle stérilise alors la pluralité des modes et la multiplicité d'affects qui auraient dû entrer en jeu, et qui exigeaient d'être vécues pleinement. Nietzsche conseille donc de se méfier de « tous les grands impératifs, quels qu'ils soient », de « tous les grands mots », de « toutes les grandes attitudes ». La prudence consiste pour lui à prendre de la distance face à tout ce qui prétend dire le fin mot d'une existence non encore vécue.

Pour se préserver du danger de l'auto-compréhension, l'ignorance voire l'illusion peuvent revêtir une grande utilité. Il est profitable pour l'individu de se comprendre, non pas comme un « Soi » ayant à s'accomplir lui-même, mais comme un être dont le devoir est de se constituer en moyen au service de quelque chose d'autre : « l'amour du prochain, une vie consacrée à autrui ou à autre chose », permettent par exemple d'éviter les effets pervers de l'auto-compréhension. Une conscience qui prend pour champ d'investissement, non pas le « moi », mais « autrui », peut ainsi développer ses diverses passions et affections sans que celles-ci ne deviennent contradictoires, puisqu'elles ne sont pas rassemblées dans un substrat unique au sein duquel elles pourraient s'opposer.

Seule cette gestion prudente des affects, cette mécompréhension de soi – qui permet le développement parallèle de pulsions radicalement différentes – peut mener à l'avènement de soi et à l'accomplissement d'un grand destin. Nietzsche peut ainsi se prendre pour exemple : car sa tâche exigeait « plus de pouvoirs qu'il n'en a jamais coexisté chez un même individu, et surtout des pouvoirs contradictoires qui ne doivent ni se gêner ni s'entre-détruire »[197]. S'il avait pu saisir à l'avance son destin, il l'aurait substantifié et réduit à une idée simple ; ses instincts contradictoires n'auraient alors pu se développer de concert ; à l'inverse, un voile d'ignorance a pu favoriser leur croissance simultanée.

On voit donc que le travail éthique appelé par la morale diététique de Nietzsche recouvre un partage complexe entre vérité et ignorance. Certaines connaissances doivent être recherchées par l'individu, pour qu'il puisse travailler à sa propre santé : celles des « choses mineures ». A l'inverse, il ne faut pas chercher de vérité globale de soi, sous peine de stériliser notre puissance. Pour éviter cet écueil, nous devons préférer en ce domaine la mécompréhension à toute forme de « savoir » prémonitoire.

Il nous faut à présent creuser le sillon de cette mécompréhension ; pour ce faire, nous étudierons la façon dont autrui peut être utilisé dans la compréhension de soi, en essayant de repérer les modalités et les intérêts propres de cet usage.

Mécompréhension de soi et usage des masques

Nous avons donc vu que le travail éthique préconisé par le mode de subjectivation nietzschéen faisait une place à la mécompréhension de soi. Se comprendre dans les termes d'autrui, se perdre dans la considération de figures étrangères : tout cela permet de laisser le soin d'effectuer le « Soi » à la logique aveugle et obscure des instincts, des affects. Or en ce domaine, ceux-ci sont plus efficaces que la conscience. En rapportant en effet la totalité des phénomènes vécus, non pas à une seule instance – le « moi » – mais à une diversité de catégories, les instincts disparates peuvent être compris et articulés sur le mode de la différence, et non de la contradiction.

[197] *Ibid.*

Dans *Le gai savoir* déjà, Nietzsche analysait ainsi le polythéisme, puisqu'il faisait résider son utilité[198] dans sa capacité à permettre le développement, au sein d'un même individu, de forces et de pulsions qui seraient sans lui devenues contradictoires. Les polythéistes pouvaient ainsi désigner une de leurs actions ou de leurs pensées sans la ramener au « moi », et déclarer alors à son propos : « Non pas moi ! non pas moi ! mais un dieu à travers moi ! »[199]. De cette manière ils parvenaient à accueillir sans contradiction ni conflit des phénomènes formidablement dissemblables, car « tel dieu ne niait ni ne blasphémait tel autre dieu ! ».Ils se trouvaient libérés d'une exigence d'identité qui aurait été fatale à la pluralité du « Soi », et pouvaient ainsi échapper « à la fixité des perspectives et des horizons éternels »[200].

Nietzsche, à l'époque d'*Ecce Homo*, n'a pas abandonné cette conception du divin ; il demande, dans un fragment posthume de 1888[201], « combien de nouveaux dieux sont encore possibles ? ». Mais pour effectuer cette compréhension de soi respectueuse du disparate, il n'est pas nécessaire de se servir de personnages divins – que Nietzsche, de toute façon, ne désire pas créer[202]. Les diverses figures d'autrui, utilisées comme autant de masques, peuvent remplir la même fonction.

Quel est le statut de ces masques ? Il ne faut pas être trompé par la métaphore ; derrière un masque emprunté à autrui ne se cache pas un visage « véritable », qui pourrait être la base d'un rapport à soi « véridique ». Nous savons que pour Nietzsche il n'y a pas de partage possible entre les idées sur des critères purement épistémologiques. Dans le cadre d'un perspectivisme rigoureux, il n'y a pas de « vérité » des choses et des individus, et donc pas d'énoncé « vrai ». Il n'y a que des régimes de pensée distincts, dont la valeur ne peut être déterminée que sur le plan vital – une pensée n'est « bonne » que si elle accroît la

---

198 *GS*, §143.

199 *Ibid.* Des années après *Le gai savoir*, on retrouve cet éloge du polythéisme dans *La généalogie de la morale*. Voir *GM*, II, §23.

200 L'insistance sur cette idée provient du livre de P. Klossowski, *Un si funeste désir*, « Nietzsche, le polythéisme et la parodie ».

201 *FP* XIV, 17[4], §5.

202 « Zarathoustra lui-même, il est vrai, n'est qu'un vieil athée. Qu'on le comprenne bien. Zarathoustra dit bien qu'il "*pourrait* croire" – ; mais Zarathoustra ne *croira* pas », *Ibid.*

puissance de celui qui la pense. Se prendre pour un « moi », se prendre pour « autrui » : dans tous les cas ce ne sont jamais que deux types d'interprétations du « Soi », deux régimes de pensée différents, qui ne peuvent ni l'un ni l'autre prétendre à la vérité.

En revanche, ces deux modes d'auto-compréhension produisent des effets différents. Se considérer comme un « moi » revient en effet à n'avoir qu'un seul masque et à s'en déclarer responsable ; il faut alors être prêt à en rendre compte, et à en corriger les incohérences potentielles – car un « moi » unique et substantiel est soumis au principe de non-contradiction. A l'inverse, utiliser des masques empruntés à autrui pour s'exprimer et se comprendre permet d'éviter ces effets pervers, et encourage un développement plus vaste des multiples dispositions dissimulées dans l'individu. Nietzsche, sans ce moyen, aurait-il pu mener à bien sa tâche ? Sûrement pas. Car, d'après lui, « pour entreprendre une *inversion des valeurs*, il fallait peut-être plus de pouvoirs qu'il n'en a jamais coexisté chez un même individu, et surtout des pouvoirs contradictoires qui ne doivent ni se gêner ni s'entre-détruire. La hiérarchie des pouvoirs, le recul, l'art de séparer sans brouiller, de ne rien embrouiller, de ne rien "concilier" ; une versatilité prodigieuse, qui soit pourtant l'opposé du chaos »[203].

C'est dans *Pourquoi j'écris de si bons livres*, le troisième chapitre d'*Ecce Homo*, que Nietzsche va mettre en lumière la façon dont, au cours de sa vie il a pu user de divers masques dans la compréhension de soi. Dans ce chapitre il va ainsi revenir sur ses œuvres passées, et détailler à cette occasion la manière dont il s'y est interprété dans des termes et des catégories empruntés à autrui ; il va montrer aussi en quoi cette méprise a permis son propre accomplissement.

Mais Nietzsche, en faisant le récit de ses modes passés d'auto-compréhension, en explicitant l'usage antérieur de ces divers masques, va produire du même coup une ré-interprétation de son passé. Ce récit de la mécompréhension enclenchera donc une subjectivation en des termes nouveaux ; la description de l'auto-compréhension passée produira une autre auto-compréhension, *présente* cette fois. L'écriture analytique de l'homme mûr qui revient sur son passé se doublera donc

---

[203] *EH, PJSA*, §9.

d'une écriture productive, donnant naissance *hic et nunc* à un mode de subjectivation nouveau.

L'art des masques dans l'auto-compréhension passée

Nous allons tout d'abord nous intéresser à la façon dont Nietzsche, en relisant et commentant ses œuvres antérieures, en vient à exposer les modalités de sa mécompréhension passée, et la manière dont il a pu camoufler ses propos derrière différents masques.

Le récit nietzschéen s'intéresse d'abord à une première catégorie d'œuvres, qui comprend la *Naissance de la tragédie* et *Les "inactuelles"*. C'est dans ces livres de jeunesse que Nietzsche fit l'usage le plus important de ces masques. D'une part parce qu'il ne s'y désignait jamais en propre, et plaçait sans cesse ses propos dans la bouche d'autrui ; d'autre part parce que cet usage correspondait à une mécompréhension complète et parfaitement inconsciente. L'utilisation des masques y était purement instinctive : en écrivant ces ouvrages, Nietzsche ne réalisa jamais que les propos qu'il attribuait à « Schopenhauer » ou à « Wagner » ne relevaient en fait d'aucune de ces deux figures.

De nombreuses pages de la *Naissance de la tragédie* évoquaient ainsi la figure de Wagner, en faisant dépendre de lui une possible renaissance du tragique. Mais dans *Ecce Homo*, Nietzsche nous explique que la réalité de ces discours ne portait pas sur le musicien de Bayreuth[204]. La dénomination « Wagner » n'était qu'un code, un signe pour un ensemble de déterminations propres à Nietzsche, mais que ce dernier ne pouvait pas encore rassembler sous son propre nom au risque de les mettre en péril.

---

[204] Ainsi, à propos de la *Naissance de la tragédie* : « Dans tous les passages d'une importance psychologique capitale, il n'est question que de moi – on peut sans hésiter mettre mon nom ou celui de Zarathoustra partout où le texte indique Wagner », *EH, PJSBL, NDT*, §4.

Cet usage prudentiel de *masques* empruntés à autrui est encore plus clairement explicité à propos des *Inactuelles*. Les deux dernières d'entre étaient consacrées à « deux "inactuels" par excellence, pleins d'un souverain mépris pour tout ce qui les entourait [...] – on aura reconnu Schopenhauer et Wagner, ou, en un mot, Nietzsche »[205]. Si l'on en croit le Nietzsche d'*Ecce Homo*, il ne faisait porter par Wagner et Schopenhauer le poids de ses propos que pour ne pas avoir à en répondre : se trouvait ainsi mise en œuvre une « conception nouvelle de l'autodiscipline, de l'autodéfense, poussée jusqu'à la dureté »[206]. En utilisant ces noms de code, Nietzsche évitait de placer face à face ses écrits et sa vie réelle, et de les soumettre à un principe de cohérence qui aurait pu en détruire les aspects les plus féconds.

De cette manière, il pouvait tout à la fois écrire une diatribe contre la philosophie académique – et donner sa propre vision de ce que devrait être un penseur dans *Schopenhauer éducateur* – et continuer par ailleurs de prendre part au monde universitaire en tant que philologue. Il lui était ainsi permis de s'atteler à la réalisation de sa « tâche » véritable[207], tout en développant des dispositions autres – fort éloignées de cette tâche en apparence, mais qui allaient un jour se révéler nécessaires à l'accomplissement de celle-ci[208].

En allant emprunter à autrui « quelques formules, signes, moyens d'expressions de plus », en se servant de Wagner et de Schopenhauer comme « Platon s'est servi de Socrate, comme d'une sémiotique pour Platon »[209], Nietzsche échappait donc aux rabattements, aux réductions de l'identité personnelle. Refuser de parler en son nom propre signifiait pour lui : éviter de *s'assigner* une identité ; et par assigner nous devons entendre à la fois l'acte de se désigner par un signe, et de se circonscrire dans l'acte de cette désignation. De même donc que le polythéiste, pour chaque action exceptionnelle, nommait un responsable divin, Nietzsche, dans ses premières œuvres, attribue ses pensées originales à des figures étrangères. Le polythéisme permettait la coexistence non-

---

[205] *EH, PJSBL, LI*, §1.

[206] *EH, PJSBL, LI*, §3.

[207] « Le texte *Wagner à Bayreuth* est une vision prophétique de mon avenir ; par contre, dans *Schopenhauer éducateur* est inscrite mon histoire intime, celle de mon *devenir*. Et, avant tout, ma *promesse*. », *Ibid.*

[208] « Il était *nécessaire* que, pour un temps, je fusse, aussi, un savant », *Ibid.*

[209] *Ibid.*

contradictoire de perspectives infiniment diverses ; l'usage spécifiquement nietzschéen des masques – qui est une sorte de polythéisme athée – autorise le développement parallèle de forces et de dispositions fondamentalement disparates. En extériorisant ses propos, Nietzsche a évité la réduction du *différent* à l'*identique*.

A la suite de ces premiers livres, Nietzsche connut une période de solitude – accentuée par sa maladie et par sa rupture avec Wagner. C'est dans cette retraite, coupé de son ancien entourage et des préoccupations du monde, qu'il prit peu à peu conscience de sa singularité[210]. L'usage des masques ne cessa pas pour autant, mais il devint distant et maîtrisé et prit la forme d'un jeu espiègle ; c'est une « instinctive malice » qui lui fit alors éviter « le mot "je" » [211]. En fonction de la tâche à réaliser ou du discours à tenir, Nietzsche en appelait à divers personnages ou figures comme autant de signes remplissant chacun une fonction spécifique. Dans *Humain trop humain*, ce furent ainsi Voltaire[212] le bel esprit[213] libre-penseur et Paul Rée le positiviste[214] qui se trouvèrent convoqués. A l'occasion du *Gai savoir* – dont l'objet est tout à la fois la négation des valeurs anciennes[215], et l'affirmation créatrice de nouvelles possibilités de vie – Nietzsche emprunta le masque du « Prince Hors-La-Loi », construit à partir de la notion provençale de la « *gaya scienza* » (« cette unité du *troubadour*, du *chevalier*, de l'*esprit fort*.»[216]).

Mais c'est plus tard, lorsqu'il s'agit d'écrire le *Zarathoustra*, que la technique du masque prit une importance cruciale. Ce livre possède en effet un statut particulier dans l'œuvre de Nietzsche ; il est décrit par ce dernier comme l'acte créateur par excellence, le modèle du « faire » et de ce que nous pouvons appeler une écriture

---

210 « A cette époque, mon instinct résolut irrévocablement d'en finir avec cette habitude de céder, de faire-comme-tout-le-monde, de me-prendre-pour-un-autre [...] La maladie *me détacha lentement* de tout ; elle m'épargna toute rupture, toute démarche brutale et choquante », *EH, PJSBL, HTH,* §4.

211 *EH, PJSBL, HTH,* §6.

212 « Le nom de Voltaire placé en tête d'un écrit de moi, voilà qui était *progresser – vers moi-même* », *EH, PJSBL, HTH,* §1.

213 « Car Voltaire, à la différence de tous ceux qui ont écrit après lui, est avant tout un *grand seigneur* de l'esprit : exactement ce que je suis aussi », *Ibid.*

214 *EH, PJSBL, HTH,* §6, et aussi *HTH,* §37.

215 « C'est la morale qu'on piétine en dansant », *EH, PJSBL, GS.*

216 *Ibid.*

productive[217]. Dans cette œuvre, nous dit Nietzsche, s'inventent à la fois des formes, des valeurs, mais aussi une « vérité originale », un « destin »[218] et un langage nouveau[219].

Dans l'écriture d'une œuvre aussi novatrice, l'utilisation du masque « Zarathoustra » se révéla indispensable. En effet, « tout ce qui est grand une fois accompli, se retourne sans tarder *contre* son auteur » [220]. Pour ne pas être écrasé par le poids de son ouvrage, Nietzsche l'écrivit donc sous un masque[221] ; s'étant ainsi une fois de plus « extériorisé », il ne se sentit plus responsable de ses propos, et put continuer à vivre tout en laissant momentanément de côté son œuvre.

Ecrire *Zarathoustra* sous « pseudonyme » permit de plus à Nietzsche de ne pas être enchaîné par les perspectives qui y furent ouvertes. Dans les années qui suivirent, il put donc produire des travaux radicalement distincts, relevant de postures vitales très opposées. Alors que *Zarathoustra* consistait ainsi à « dire oui », il put entreprendre, dans les ouvrages suivants, de « dire non », de « faire non »[222]. *Par delà bien et mal* et la *Généalogie de la morale* furent ainsi l'occasion pour Nietzsche d'inventer un nouveau regard, un style original, en rupture complète avec ceux du *Zarathoustra*[223]. Ce dernier était l'œuvre d'un visionnaire, d'un poète et d'un prophète, tandis que dans les livres postérieurs Nietzsche endossa les habits du psychologue et du médecin[224].

---

217 « Ma notion de "dionysien" s'est ici faite *action*, et *action d'éclat* – mesuré à elle, tout le "faire" de l'homme semble pauvre et limité », *EH, PJSBL, Z*, §5.

218 *Ibid.*

219 « Quelle langue un tel esprit parle-t-il lorsqu'il se parle à soi seul ? La langue du *dithyrambe*. Je suis l'inventeur du dithyrambe », *EH, PJSBL, Z*, §7.

220 *EH, PJSBL, Z*, §5.

221 Notons que ce masque est « Zarathoustra » comme personnage de fiction, et n'a que peu à voir avec son homonyme historique. Nietzsche détaillera la logique de cet emprunt dans *Pourquoi je suis un destin.*

222 *EH, PJSBL, PDBM*, §1.

223 Sur *Par-delà Bien et Mal* : « On remarquera en tout, et surtout dans la forme, une même volonté *délibérée* de se détourner des instincts qui ont rendu possible un Zarathoustra », *EH, PJSBL, PDBM*, §2.

224 « La cruauté est ici pour la première fois mise en lumière comme l'un des soubassements les plus anciens et les plus essentiels de la culture », *EH, PJSBL, GM* ; « Ce livre (1886) est, pour l'essentiel, une *critique de la modernité* », *EH, PJSBL, PDBM*, §1 ; « La psychologie est maniée avec une dureté et une cruauté avouées », *EH, PJSBL, PDBM*, §2. Si nous référons cette évolution et ce changement de posture

On mesure donc l'importance de « Zarathoustra » comme « masque » ; car en lui réside la condition de possibilité de la diversité propre à Nietzsche. On comprend aussi que Deleuze et Guattari aient pu s'en servir comme exemple pour forger la notion de « personnage conceptuel »[225]. Car c'est bien de cette idée qu'il s'agit ici : au sein d'un même plan d'immanence – une même image de la pensée – Nietzsche est parvenu à tracer successivement plusieurs mouvements très différents. Ainsi, un mouvement ascendant, créatif et positif qui ouvre de nouvelles possibilités de vie ; mais aussi un mouvement critique et négatif, qui dirige son regard jusque dans le bourbier, pour y diagnostiquer la décadence de notre civilisation. Cette succession d'attitudes dissemblables ne serait pas pensable sans les deux figures d'extériorisation, les deux personnages conceptuels que Nietzsche crée l'un après l'autre : Zarathoustra le danseur d'une part, l'impitoyable psychologue des profondeurs d'autre part. Chacun de ces intermédiaires put accomplir sa tâche, en exprimant son allure d'être particulière, son régime vital spécifique[226]. C'est uniquement à travers ces masques que Nietzsche put acquérir la possibilité d'accomplir des mouvements si différents ; de cette manière, il eut à sa disposition des regards de portées dissemblables[227], et des postures contradictoires.

Pour spécifier donc le type de travail éthique qui semble alors requis par le mode de subjectivation nietzschéen, nous devons dire qu'il implique un rapport avant tout pragmatique aux signes et aux

---

à la trinité nietzschéenne du « philosophe de l'avenir » telle que l'analyse Gilles Deleuze dans *Nietzsche et la philosophie*, nous pouvons dire que *Zarathoustra* est l'œuvre du philosophe-artiste qui modèle de nouveaux types et invente des possibilités d'existence, tandis que *Par delà bien et mal* et la *Généalogie de la morale* sont des travaux de philosophe-médecin, qui interprète des symptômes et diagnostique des états de civilisation. La tâche du philosophe législateur, chargé d'édicter de nouvelles tables de valeurs, est quant à elle remplie dans *L'Antéchrist*, un ouvrage que Nietzsche évoque dans *Ecce Homo* sous le titre *L'Inversion des valeurs*, qu'il qualifie « d'immense tâche » et désigne comme le couronnement de son œuvre.

225 Voir G. Deleuze et F. Guattari, *Qu'est-ce que la philosophie*, « 3. Les personnages conceptuels ».

226 A propos de *Par-delà Bien et Mal :* « On devinera peut être à quel *régime diététique* [ce livre] doit d'avoir été conçu », *EH, PJSBL, PDBM*, §2.

227 Toujours sur *Par-delà Bien et Mal :* « L'œil, gâté par la monstrueuse obligation de voir loin – Zarathoustra voit encore plus loin que le Czar – est ici contraint de saisir avec acuité ce qui est le plus rapproché, l'époque, *ce qui nous entoure* », *Ibid.*

identités. Ce que le sujet doit viser, c'est le développement et la coexistence d'un maximum de forces différentes. Pour aboutir ainsi à la réalisation de toutes ces possibilités, il peut être utile de dédaigner la prétendue « vérité » et les conceptions classiques de l'identité au profit d'un jeu subtil de masques et de dissimulations. L'individu doit s'accorder autant d'identités, autant de « vérités » qu'il lui en faut pour exprimer toutes ses tendances sans se contredire ni s'assigner.

Le récit de soi dans *Pourquoi j'écris de si bons livres*

Dans *Pourquoi j'écris de si bons livres*, Nietzsche est donc revenu sur son histoire passée en décrivant la façon dont il a pu se comprendre dans des termes et des catégories empruntées à autrui. « Wagner », « Schopenhauer », « Zarathoustra » ont été définis comme autant de masques, dont l'utilisation a permis le développement en Nietzsche de puissances toujours plus diverses et intenses. Mais ce récit rétrospectif des formes passées d'auto-compréhension produit nécessairement une auto-compréhension présente. Pour comprendre la totalité du travail éthique impliqué par le mode de subjectivation nietzschéen, nous devons détailler cette forme présente d'auto-compréhension, ainsi que le rapport au temps et à la vérité qu'elle implique.

Il semblerait tout d'abord que le récit de soi que nous offre Nietzsche en revenant sur son passé ait pour caractéristique de produire une histoire unifiée. Là où l'on pouvait attendre la diversité d'une existence conflictuelle, marquée par des crises – la rupture avec Wagner, la maladie – ou des reculades – les années qui suivent *Zarathoustra* – Nietzsche décrit en effet un mouvement unique. Il rassemble la totalité des épisodes de sa vie en les interprétant comme autant d'étapes d'une seule tâche, et en conséquence comme les actions d'un seul « Soi »[228].

Nietzsche parvient à ce résultat en utilisant un ensemble de procédés ré-interprétatifs et unificateurs. Il les met tout d'abord en œuvre à propos des ouvrages de jeunesse – *La Naissance de la tragédie, Les "inactuelles"* – puisque en explicitant les divers masques utilisés, il met « Nietzsche » sous ce qui se nommait jusque-là « Schopenhauer » ou « Wagner ». Ces derniers sont alors traités comme de purs signes, des simples formes d'expression servant à exprimer, tout en le camouflant, le type psychologique nietzschéen. Le Nietzsche d'*Ecce Homo* s'empare donc de ses œuvres passées pour y faire apparaître un Nietzsche encore discret, invisible à lui-même et aux autres, mais déjà présent quoique dissimulé sous les oripeaux d'autrui. Pour ce faire, il extrait ses livres précédents de leur contexte d'écriture[229], et attribue de nouvelles significations à d'anciennes figures : « Tout le portrait de l'artiste *dithyrambique* est le portrait du poète *latent* de *Zarathoustra* »[230]. Au besoin, quand le matériau originel peine à confirmer sa ré-interprétation, Nietzsche crée une nouvelle logique textuelle en reliant *a posteriori* des points dispersés, des passages disparates. Apparaît alors, comme en pointillé, la figure d'un Nietzsche en germe[231].

Les œuvres postérieures sont alors décrites comme autant d'étapes dans l'accomplissement d'une même tâche. *Humain, trop humain* devient « le monument commémoratif d'une crise »[232], et une étape décisive dans la révélation à lui-même de ce Nietzsche toujours

[228] Nous rappelons que puisque le « Soi » se définit de manière modale, il est très exactement ce qu'il accomplit. Réduire sa propre existence à un seul mouvement signifie donc entretenir un rapport à un « Soi » unifié.

[229] « Pour rendre justice à la *Naissance de la Tragédie*, il faut à tout prix oublier un certain nombre de choses. Elle a *agi*, et même fasciné, par ce qu'elle avait de fallacieux – par son application à la wagnéromanie [...] et de ce fait, personne n'a prêté attention à ce que l'ouvrage recelait au fond de précieux », *EH, PJSBL, NDT*, §1.

[230] *EH, PJSBL, NDT*, §4. Dans la même lignée : « Le texte *Wagner à Bayreuth* est une vision prophétique de mon avenir ; par contre, dans *Schopenhauer éducateur* est inscrite mon histoire intime », *EH, PJSBL, LI*, §3.

[231] « page 30, est introduite la notion de sentiment tragique [...] Page 71, le *style de Zarathoustra* est décrit et anticipé avec une incisive sûreté, et jamais on ne trouvera une expression plus grandiose de *l'évènement* que fut *Zarathoustra* [...] que dans les pages 43-46 », *EH, PJSBL, NDT*, §4.

[232] *EH, PJSBL, HTH*, §1.

déjà-là (« voilà qui était *progresser – vers moi-même »*[233]). *Aurore*[234] et *Le gai savoir* sont vus comme les préliminaires nécessaires aux travaux à venir, en ce qu'ils remplacent les évidences éternelles de la morale par un doute insistant[235], et parce qu'ils font entrevoir la possibilité de nouvelles formes de vie[236].

Zarathoustra se voit de son côté attribué la tâche majeure consistant à « dire oui », c'est-à-dire celle qui permet la création et l'affirmation de nouvelles valeurs. Ce livre est par excellence, nous dit Nietzsche, un « tout bien à part », un « faire »[237], dont l'importance est cruciale et la profondeur, extrême. Ce « oui » du *Zarathoustra* se voit alors complété par les ouvrages qui suivent : *Par delà bien et mal* et la *Généalogie de la morale* sont ainsi décrits comme la réalisation de la tâche consistant à « dire non », à « faire non »[238] : ils forment le nécessaire contrepoids au *Zarathoustra* qu'ils permettent d'équilibrer.

Toutes ces œuvres sont présentées comme des étapes indispensables dans la perspective de la tâche globale, qui trouve son accomplissement dans l'écriture, en septembre 1888, de *L'inversion des valeurs*[239]. C'est en effet dans ce livre que le philosophe législateur en vient à s'exprimer – avec la promulgation de la *Loi contre le christianisme*.

C'est donc une unification perspective de son existence de penseur que Nietzsche produit par le récit rétrospectif de *Pourquoi j'écris de si bons livres*. Il ré-interpréte son passé de manière téléologique, quitte à déformer les faits[240], afin de le présenter comme

---

233 *Ibid.*

234 « C'est par ce livre que s'ouvre ma campagne contre la *morale* », *EH, PJSBL, AU*, §1.

235 « Ma tâche [...] pour la première fois [poser] *globalement* la question : pourquoi ? à quoi bon ? », *EH, PJSBL, AU*, §2.

236 « La notion provençale de "*gaya scienza*", cette unité du *troubadour*, du *chevalier* et de l'*esprit fort*, qui distingue si nettement de toutes les cultures équivoques cette admirable culture provençale », *EH, PJSBL, GS*.

237 *EH, PJSBL, Z*, §6.

238 *EH, PJSBL, PDBM*, §1.

239 « Je m'attelai à l'immense tâche de *L'inversion des valeurs* [...] Le 30 septembre, grande victoire : achevé *L'inversion des valeurs.* », *EH, PJSBL, CDI*, §3.

240 Ainsi, pour donner plus de force au récit de la rupture avec Wagner – corrélée à l'écriture d'*Humain, trop humain* – , il relate un envoi croisé, entre d'un côté Wagner lui adressant le livret de *Parsifal* tandis que Nietzsche lui fait parvenir *Humain, trop*

l'accomplissement d'une seule tâche : l'inversion des valeurs. Il écrit son histoire, non pas comme la formation progressive d'un caractère, mais comme le lent accouchement d'un Nietzsche toujours déjà-là. Ses diverses œuvres passées ne sont alors considérées que comme les éléments constitutifs d'une vocation centrale : elles n'expriment rien d'autre que l'actualisation progressive d'une potentialité toujours présente. Nietzsche comprend les ruptures, les aléas de sa propre vie, comme les étapes d'une gestation et d'un accouchement.

Le déroulement de l'existence nietzschéenne, telle qu'elle est décrite dans *Pourquoi j'écris de si bons livres,* ne semble donc consister en rien d'autre qu'en une application incessante de la maxime du philosophe, qui forme le sous-titre d'*Ecce Homo* : « Comment on devient ce que l'on est ». Devenir ce que l'on est, c'est-à-dire œuvrer toute sa vie à actualiser des potentialités, des virtualités d'emblée présentes mais qui ont a être révélées, purifiées et unifiées. Il semble bien que, dans *Pourquoi j'écris de si bons livres*, Nietzsche veuille se montrer comme ayant réussi à « devenir ce qu'il était ».

La retranscription des atmosphères : des œuvres décrites comme des évènements

La mise en récit par Nietzsche de sa propre vie dans *Pourquoi j'écris de si bons livres* semble donc constituer une ré-interprétation téléologique, qui asservit le passé vécu au présent. Le Nietzsche d'autrefois, avec sa diversité, ses contradictions, ses errements, n'est compris qu'à l'aune du Nietzsche actuel – lui-même défini de manière univoque. Le rapport à soi qui semble s'engager de ce fait rappelle étrangement certains aspects du mode de subjectivation substantiel qu'*Ecce Homo* avait pourtant semblé discréditer. Au lieu

humain. Or les dates d'envoi réelles ne correspondent pas à ce récit, voir. S. Kofman, *Explosion II,* Chapitre IX, §5.

en effet de considérer le « Soi » comme une multiplicité, Nietzsche le ramène à une unité.

Ce que nous allons à présent montrer, c'est qu'on ne peut résumer *Pourquoi j'écris de si bons livres* à ce processus d'interprétation rétrospective. Une attention plus fine portée au texte nous oblige en effet à nuancer cette vision ; car parallèlement à la reconstruction téléologique de sa vie passée, Nietzsche effectue, au cours de son récit, des descriptions extrêmement précises du fonctionnement local de chacun de ses écrits. Le commentaire qu'il donne de ses œuvres n'a que peu à voir avec un résumé détaillé ; il s'attache au contraire à détailler les effets produits par le rythme et le style de ses ouvrages. Il ne produit pas un commentaire livresque chargé d'expliciter des significations, d'éclairer des intentions ou des sous-entendus : il décrit des atmosphères et des vitesses, évoque des parfums et des humeurs[241].

Chaque livre est décrit comme un monde à part entière avec ses lumières et ses odeurs ; chaque ouvrage est un événement véritable, qui possède sa vitesse et sa dramatisation propres[242]. Si, donc, Nietzsche semble se servir de ses œuvres passées pour confirmer et soutenir son « moi » présent, il se porte dans le même temps au plus près des textes, et en analyse tant les modes que les effets.

Nous savons par ailleurs que toute invention stylistique est, chez Nietzsche, corrélée à une certaine humeur corporelle[243]. On ne s'étonnera donc pas que l'attention extrêmement fine portée par Nietzsche aux effets produits par ses œuvres soit doublée de descriptions très précises de l'état corporel et affectif qui était le sien

---

241 Un exemple parmi d'autres : la manière dont il caractérise le contenu d'*Humain, trop humain* : « Les erreurs, l'une après l'autre, sont ignorées avec un mépris glacial, l'idéal n'est pas réfuté – il *gèle*... Ici, par exemple, le "génie" meurt de froid ; un peu plus loin, c'est "le saint" qui est gelé ; le "héros" grelotte sous une épaisse calotte de glace ; à la fin, la "foi", la prétendue "conviction" est prise par les glaces [...] presque partout, se congèle la "chose en soi"... », *EH, PJSBL, HTH*, §1.

242 Un autre exemple, cette fois-ci à propos d'*Aurore* : « C'est par ce livre que s'ouvre ma campagne contre la *morale*. Non qu'il ait la moindre odeur de poudre : – on y sentira des parfums tout autres et bien plus agréables, pour peu que l'on ait des narines assez subtiles », *EH, PJSBL, AU*, §1.

243 « *Communiquer* par des signes – y compris le *tempo* de ces signes – un état, ou la tension interne d'une passion, tel est le sens de tout style », *EH, PJSBL*, §4.

au moment de l'écriture. Car à l'écriture, considérée comme un corps, et conçue de manière modale – avec ses humeurs, ses vitesses, ses températures, ses odeurs – correspond un individu vivant qui lui donne naissance. La description très corporelle du livre *Aurore* (« il est ensoleillé, lisse, heureux, pareil à un animal marin qui prend le soleil entre les rochers ») se voit ainsi complétée par une tentative de retranscription du vécu intime de l'époque : « Après tout, cet animal marin, c'était moi : presque chaque phrase de ce livre a été pensée, est *éclose* hors de cet entassement confus de rochers près de Gênes ou j'étais seul et dans l'intimité de la mer »[244]. De même – exemple parmi d'autres – Nietzsche rattache le caractère « glacial », dur et impitoyable de *Humain, trop humain* à l'état physiologique qui a précédé sa création[245].

De ses œuvres, Nietzsche ne donne donc pas seulement des résumés grossiers et téléologiques qui auraient pour seule fonction de mettre le passé au service de la justification d'un présent monolithique. Il tente également des transcriptions extrêmement fines et détaillées, qui s'attachent à ses humeurs corporelles passées et à leur sédimentation dans le travail d'écriture. Il s'intéresse à ses propres livres comme à autant d'individus, sous l'angle des effets qu'ils produisent et en tant que modes spécifiques, capables de communiquer aux lecteurs des couleurs, des impressions, une atmosphère, un *tempo.* Il conçoit chacun de ses ouvrages passés comme un évènement unique dont il s'empresse de retranscrire les modalités d'apparition et d'effectuation ; dans le même temps, il restitue textuellement le milieu et l'ambiance qui ont rendu possible cet événement. Une grande attention est portée à la logique interne des livres, aux manières dont ils mettent en mouvement des forces et des pensées[246].

---

[244] *EH, PJSBL, AU*, §1.

[245] « Dans un village perdu [...] j'allai traîner comme une maladie, ma mélancolie et mon mépris des Allemands », *EH, PJSBL, HTH*, §2.

[246] Voilà ainsi son résumé des trois dissertations de la *Généalogie de la morale :* « Chaque fois, un début qui *doit* égarer le lecteur, froid, scientifique, même ironique, délibérément mis au premier plan, faisant délibérément diversion. Peu à peu, le malaise augmente ; des éclairs isolés ; de très déplaisantes vérités qui s'annoncent *de loin* par un sourd grondement – jusqu'au moment où un *tempo feroce* est atteint, où tout se met en branle avec une énorme tension. Chaque fois, à la fin, au milieu de

La critique des deux histoires substantialistes

Le récit que Nietzsche donne de son existence passée dans *Pourquoi j'écris de si bons livres* semble donc participer simultanément de deux tendances contradictoires. D'un côté en effet, il procède à une reconstruction téléologique de son vécu, au cours de laquelle le présent arraisonne entièrement le passé. Toute contradiction, toute diversité, apparaît alors expurgée de ce dernier ; et dans chacune de ses œuvres, Nietzsche veut retrouver son « moi » actuel déjà en germe. Le passé ne semble alors convoqué que pour confirmer et justifier le présent.

De l'autre côté, il fait un grand effort pour retranscrire le plus fidèlement possible, à la fois l'humeur corporelle et l'ambiance globale qui ont précédé l'écriture de chacune de ses œuvres, et l'atmosphère des œuvres elles-mêmes – leurs rythmes, leurs colorations affectives. Chaque ouvrage est considéré dans sa singularité ; un soin tout particulier est apporté à la retranscription textuelle des forces et des mouvements qui s'y déroulent.

Nietzsche semble donc hésiter entre deux formes d'histoire : une histoire téléologique et rétrospective, et une histoire qui se vit comme une replongée dans l'instant. La première forme d'histoire engage une relation à un « moi » unifié, toujours déjà là ; la seconde poursuit au contraire un processus de désubjectivation – puisque chaque œuvre y gagne le statut d'événement individuel, dont la description exacte exige l'effacement du « moi » présent.

On peut voir cette apparente opposition comme une contradiction de l'écriture nietzschéenne, où comme le signe d'un balancement entre deux tendances. Mais on peut aussi tenter de rendre raison de ces deux aspects, en montrant en quoi ils sont complémentaires et trouvent leur sens dans une nouvelle conception de la temporalité. Pour ce faire, il faut comprendre à quels types d'écriture de l'histoire s'oppose Nietzsche.

---

terrifiantes détonations, une vérité *nouvelle*, visible entre d'épais nuages », *EH, PJSBL, GM.*

Dès la deuxième des *Considérations inactuelles*, Nietzsche procédait à une critique de ce que les savants de l'époque nommaient le « sens historique ». Cette disposition incline à croire que le passé et les « faits » existent de manière substantielle, séparés du présent. Par la suite, ceux qui possèdent ce « sens historique » entreprennent de juger le présent en fonction du passé (« les faits »); mais le problème vient de ce qu'en substantifiant le passé ils le privent de sa capacité de « présentification », c'est-à-dire qu'ils oublient le fait que tout acte accompli dans le passé témoignait d'une certaine inventivité du devenir, qui naissait de l'aveuglement des individus[247]. Les grands hommes du passé, en accomplissant leurs actions, ne se situaient pas dans un univers historique déterminé, et ne portaient pas le poids d'un passé substantifié ; au contraire, ils agissaient dans l'élément de l'illusion et de l'oubli. Seuls ces illusions et ces oublis rendaient possibles des actions d'une importance insoupçonnable, que les hommes n'auraient sûrement pas tentées s'ils avaient été « raisonnables » et dotés d'une culture historique ; et c'est en ce sens que Nietzsche concevait la capacité d'oubli comme une faculté nécessaire à la vie.

En jugeant le présent à l'aune d'un passé substantifié en « faits » reliés de manière causale, les historiens empêchent donc, selon Nietzsche, toute création de nouveauté. Ainsi, dans le domaine de la culture : lorsqu'un critique historiquement cultivé s'empare d'une nouvelle production en poésie ou en musique, il la soumet d'emblée à une grille interprétative rigide, qui ne laisse aucune place à l'évènement véritable : « Si [l'auteur] a déjà plusieurs ouvrages à son actif, il faut aussitôt qu'on lui explique le sens de son itinéraire passé et la direction vraisemblable de son évolution future [...] L'écho retentit instantanément : mais toujours sous forme de "critique", alors qu'une seconde plus tôt, le critique n'aurait pas seulement rêvé que l'évènement fût possible »[248].

La conscience trop aiguë du passé empêche donc tout changement véritable – du moins lorsque ce passé se trouve

---

[247] L'insistance sur cette idée provient tout à la fois de P. Klossowski, *Un si funeste désir*, « La "Gaya Scienza" de Nietzsche », et de l'article de M. Cohen-Halimi , « Le possible par prétérition ou de l'impossibilité d'être naïf », *Cahiers philosophiques N°90*.

[248] *CI2*, §5.

substantifié sous forme de « faits », et qu'on en a expurgé le devenir. La nouveauté est alors noyée dans l'interprétation mortifère du critique. Toute effectivité lui est retirée[249] : il lui devient impossible d'accéder au statut d'événement. L'erreur du critique est donc de croire que les faits existent, alors qu'ils ne sont que des interprétations ; victime de cette croyance, l'historien rabat toute nouveauté sur du préexistant et mutile la vie, tout en croyant de bonne foi atteindre à la « vérité objective » ou à la sagesse.

Mais Nietzsche critique également un autre type d'histoire, qui est en quelque sorte le frère jumeau du premier, même s'il peut également apparaître comme son exact opposé. Il s'agit de l'histoire qui interprète l'ensemble du passé en fonction du présent, et va chercher dans les époques révolues de quoi confirmer la situation actuelle. C'est ce que font les « historiens du Reich »[250] lorsqu'ils subordonnent le passé à la justification de l'Empire allemand[251]. La partialité de leur présupposé interprétatif leur interdit alors de distinguer les phénomènes de manière subtile, et leur fait tenir des propos absurdes[252].

Si cette autre forme d'histoire ressemble à la précédente, c'est tout d'abord parce qu'elle aussi prend pour des « faits » ce qui ne sont que des interprétations. Mais leur principal point commun ne réside pas dans l'ignorance ou l'improbité qu'elles dénotent, mais dans le fait que cette improbité empêche toute production de nouveauté. Toutes les deux jugent le mouvement historique et le devenir à la lueur d'une certaine réalité substantielle : le critique féru de sens historique le réfère ainsi à une idée substantielle de ce qui fut – en considérant le passé comme un ensemble de faits objectifs à partir desquels on peut

---

[249]« La culture historique de nos critiques empêche une œuvre de produire un véritable effet, c'est-à-dire un effet sur la vie et l'action », *Ibid.*

[250] « Il y a une manière allemande [...] d'écrire l'histoire [...] il y a une manière d'écrire l'histoire *en courtisan*, et M. von Treitschke ne rougit pas... », *EH, PJSBL, CW*, §2.

[251] « Par rapport à l'*imperium romanum* ils sont les dépositaires de la liberté, par rapport au XVIIIème siècle, ils sont les restaurateurs de la morale », *Ibid.*

[252] « Un vrai jugement historique de débile mental, une phrase de l'esthéticien souabe Vischer, qui a eu, depuis lors l'heureuse idée de trépasser [...] fit le tour des journaux allemands, reçue partout comme une vérité à laquelle tout Allemand *se devait d'acquiescer* : "La Renaissance et la Réforme, ensemble, forment un tout : la régénération esthétique *et* la régénération morale." – De telles phrases viennent à bout de ma patience », *Ibid.*

expliquer et juger le présent – tandis que l'historien-courtisan du Reich le comprend grâce à une conception substantielle de ce qui est – la puissance actuelle du Reich, qui a à être confirmée et justifiée. Tous deux étouffent la formation de nouveaux possibles, et l'effectuation de véritables évènements, en plaçant sur tout ce qui arrive une grille interprétative impitoyable et réductrice.

Ce n'est en effet pas la « fausseté » de ces types d'histoire qui doit exciter le dégoût – même s'il faut parfois dénoncer des interprétations malhonnêtes et faibles. Nietzsche, en effet, accepte le caractère interprétatif de toute connaissance, et l'impossibilité d'une vérité « objective ». Le problème de ces deux conceptions de l'histoire réside dans le danger qu'elles présentent pour la vie, dans la mesure où elles mettent en péril toutes les possibilités de nouveauté. En comprenant chaque changement à la lueur d'une réalité substantielle et fictive (*« ce qui fut »* ou *« ce qui est »*), ces modes d'interprétations ne laissent aucune place à l'évènement. Ils ne peuvent en aucun cas servir la vie, ni rendre l'existence plus productive et plus féconde. L'un se condamne à la répétition d'un passé mutilé tandis que l'autre s'enferme dans la bêtise d'une permanente auto-glorification. Ayant respectivement épuré le passé et le présent du devenir qu'ils contenaient, ils ne peuvent envisager l'histoire autrement que sous la forme d'une réitération.

Pourquoi j'écris de si bons livres : vers l'histoire intempestive

Les deux aspects distincts du récit produit par Nietzsche dans *Pourquoi j'écris de si bons livres* – replongée dans l'instant d'une part, reconstruction du passé dans une perspective unifiante, d'autre part – peuvent sembler chacun correspondre à l'un de ces deux types d'histoire dont il mène la critique. Notre propos est de montrer qu'il n'en est rien : le récit nietzschéen, bien au contraire, s'oppose à ces deux conceptions de l'écriture historique et les dépasse simultanément.

Quelle est en effet l'histoire que Nietzsche appelle de ses vœux dans la seconde *Inactuelle*, cette histoire qui serait apte à augmenter la vie ? Elle a ceci de particulier qu'elle réfère la compréhension des épisodes passés à un présent, mais à un présent en tension, traversé par le devenir : « *C'est seulement à partir de la plus haute force du présent que vous avez le droit d'interpréter le passé* ; c'est seulement dans l'extrême tension de vos facultés les plus nobles que vous devinerez ce qui, du passé, est grand, ce qui est digne d'être su et conservé »[253]. C'est pour cette raison que les deux faces du récit nietzschéen d'*Ecce Homo*, loin de se contredire, se complètent, et parviennent par-là à dépasser tant la fausse objectivité du sens historique que la bêtise de l'histoire du Reich. Car lorsqu'il raconte son passé dans *Pourquoi j'écris de si bons livres*, Nietzsche est tourné vers l'avenir, vers la réalisation prochaine de sa tâche : il vit un présent en tension et en devenir.

Ce qu'il va chercher dans le passé, en procédant à des transcriptions les plus fines possibles des ambiances et des atmosphères produites par ses écrits, c'est le bouillonnement possibilisateur qui régnait au moment de l'écriture de ses œuvres précédentes. Ces livres étaient en effet, non de simples ouvrages académiques, mais « des livres vécus, portés par la volonté de vivre, et par-là, en tant que *création*, [ils représentaient] eux-mêmes un réel surplus, un accroissement de cette vie... »[254]. Quand Nietzsche écrivait ses œuvres, il créait par-delà lui-même et partait à la conquête de nouvelles possibilités de vie. En produisant son récit, il tente de renouer avec ces accomplissements, c'est-à-dire avec tout ce que l'histoire peut faire émerger d'intempestif. L'intempestif, ou l'inactuel, c'est ce mouvement du devenir, cette force agissante qui a mû le passé, meut encore le présent, et porte ce dernier en direction d'un futur à venir. Elle n'est qu'un autre mot pour désigner l'inventivité propre à la volonté de puissance. C'est elle qui fait apparaître des possibles encore insoupçonnables, elle dont l'imagination est supérieure à celle des historiens et des philosophes.

C'est ainsi que nous pouvons rendre raison du mode de narration nietzschéen : car c'est justement pour saisir l'accomplissement pur de l'évènement, dans son mouvement même, que Nietzsche décrit, pour chacune de ses œuvres, à la fois le milieu

---

[253] *CI2*, §6.

[254] Ainsi commencent les notes destinées à *Ecce Homo*. Voir C.P. Janz, *Nietzsche : biographie*, « La "transvaluation" reste à faire ».

organique de son apparition et le surgissement de sa création. D'un côté donc l'ambiance, l'atmosphère, les humeurs corporelles qui étaient les siennes au moment de l'écriture, de l'autre les rythmes et les effets qui prennent corps dans l'ouvrage. Ce qui est retrouvé par l'intermédiaire de cette forme d'écriture historique, c'est l'acte de création et ses conditions de possibilité matérielles – corporelles, humorales, climatiques. Cette ressaisie des conditions de l'événement était justement au cœur de cette histoire « monumentale » dont Nietzsche faisait la louange dans la seconde *Inactuelle*[255]. *Pourquoi j'écris de si bons livres* correspond donc à l'écriture par Nietzsche de sa propre vie sur le mode de l'histoire monumentale[256]. En retrouvant, pour chaque œuvre, le bouillonnement possibilisateur qui a permis sa création, il découvre autant d'injonctions à agir.

Chacune des descriptions que Nietzsche donne de ses œuvres constitue donc un monument élevé à la gloire d'une réalisation passée, qui a su inventer un possible inédit. Ceci explique que les différents sous-chapitres de *Pourquoi j'écris de si bons livres* ne s'insèrent pas dans un récit causal chronologiquement structuré, mais que chacun apparaisse comme une unité discrète. Ils sont autant de points locaux d'accomplissement de la « tâche » globale, autant de surgissements du devenir. Qualifier l'histoire nietzschéenne de « téléologique » constituait donc un abus de langage. Car si Nietzsche effectue bien une ré-interprétation de son passé dans la perspective d'une tâche à accomplir, il ne produit pas une reconstruction téléologique de celui-ci au sens où chaque étape viendrait s'insérer dans une chaîne causale dont l'aboutissement serait le « moi » actuel de Nietzsche. Au contraire, chaque étape est déjà un bout de cette tâche, et possède la même dignité et le même degré de perfection, en ce qu'elle se situe sur le même plan. Toutes participent en effet de cette inventivité du devenir, de cette capacité intempestive de création de nouveauté. Ces pointes de devenir sont équivalentes ; elle trouvent leur unité dans leur manière commune de signifier des ruptures avec l'ordre –

[255]« Si [...] vous vous plongez dans la vie des grands hommes, vous y trouverez une suprême injonction de mûrir et d'échapper au carcan d'une époque qui vous prive d'éducation », *Ibid.*

[256] Nous trouvons alors un autre sens à la phrase : « *Humain, trop humain* est le monument commémoratif d'une crise. », *EH, PJSBL, HTH*, §1.

apparemment – établi des causes et des effets – le seul ordre que reconnaissent les savants dotés de ce si pauvre « sens historique ».

Nous pouvons donc dire que cette histoire intempestive produit, d'une certaine manière, une temporalité non-successive. En effet, elle ne prend en compte que le pur mouvement du devenir, et peu importe pour elle que ce devenir se soit effectué il y a vingt ans ou aujourd'hui. La rupture, créatrice de possibilité, reste du même ordre, et sa structure interne ne dépend pas de sa position dans un système chronologique extensif et successif. Comprises comme autant d'accomplissements locaux d'une même tâche, les différentes œuvres décrites dans *Pourquoi j'écris de si bons livres* existent de manière « simultanée ».

Le travail de l'histoire intempestive consiste donc à aller retrouver dans le passé la force du devenir et des accomplissements véritables – c'est à cela que correspond la replongée dans l'instant révolu qu'opère Nietzsche dans *Pourquoi j'écris de si bons livres.* Dans un deuxième temps, une intention créatrice a pour fonction de traverser et d'unifier ce devenir ; et ainsi se trouve justifié le processus de reconstruction interprétative opéré par Nietzsche, que nous avions tout à l'heure qualifié abusivement de « téléologique ». Les deux aspects sont d'ailleurs indissociables puisque, selon la seconde *Inactuelle,* seule cette intention créatrice pouvait permettre de repérer « ce qui, du passé, est grand, ce qui est digne d'être su est conservé »[257].

Le récit que Nietzsche fait de sa propre vie, la manière dont il entre en rapport avec son existence passée, tout cela ne peut être compris que si on articule ces éléments d'histoire au sein d'une temporalité nouvelle. Celle-ci est fondamentalement orientée, non vers une réalité fictivement substantielle – « ce qui fut » ou « ce qui est » – mais en direction d'un futur possible, à venir – ce qui, peut être, sera. En fin de compte, l'histoire intempestive pratiquée dans *Pourquoi j'écris de si bons livres* doit être comprise comme le processus de réactivation d'une très grande quantité de forces appartenant au passé ; cette réactivation permet de rompre avec l'inertie d'un présent trop actuel et trop pesant, en vue d'un accomplissement futur. Mais la dernière étape, c'est-à-dire la re-

---

[257] *CI2*, §6.

collection et le rassemblement productif de toutes ces forces, auront lieu dans le chapitre suivant, intitulé *Pourquoi je suis un destin.*

Conclusion sur le travail éthique

Nous voyons donc que les règles de travail éthique prescrites par le mode de subjectivation nietzschéen ont impliqué un rapport avant tout pragmatique et – encore une fois – « diététique » à la vérité et aux systèmes de signes. Ainsi, durant la « gestation » de l'individu, l'ignorance et la mécompréhension de soi apparaissaient comme des nécessités. Nietzsche, des années durant, s'était pour cette raison dissimulé derrière des noms de personnages – réels ou fictifs – qu'il utilisait comme autant de masques. Les tendances et les instincts contradictoires qu'il possédait pouvaient ainsi poursuivre leurs développements séparés sans jamais s'affronter ni se contredire, et de cette manière produire des œuvres originales et puissantes.

Ce rapport spécifique aux signes n'était toutefois relaté dans *Ecce Homo* qu'en référence au passé de Nietzsche. Car lorsque celui-ci écrit ce dernier livre, la situation est toute autre : sa relation aux signes et aux identités est toujours fondamentalement pragmatique, mais du même principe il tire des conclusions pratiques différentes, puisque le contexte a changé.

A l'automne 1888 en effet, les tâches partielles sont déjà accomplies : la critique de la métaphysique et de la civilisation européenne a été effectuée avec la *Généalogie* et *Par-delà Bien et Mal*, tandis que les perspectives futures de création et d'affirmation ont été tracées par le *Zarathoustra.* Ce qui occupe Nietzsche à présent, c'est le couronnement de sa tâche : la publication prochaine de l'*Inversion des valeurs*, dont il vient de terminer la composition et qui contient une « déclaration de guerre au christianisme » dont il espère beaucoup. Il lui reste maintenant à annoncer ce livre afin que celui-ci produise tout son effet ; et dans cette perspective, la subtilité théorique et le développement simultané de pulsions contradictoires ne lui servent plus à rien. Ce dont Nietzsche a besoin, c'est de rassembler la totalité de ses forces et de ses facultés pour les lancer dans la bataille.

On comprend donc que le travail éthique *effectué* au présent dans *Ecce Homo* implique un rapport à la vérité différent de celui qui y a été simplement *exposé* au passé, car dans la perspective de cette guerre contre le christianisme, Nietzsche doit se défaire de ses masques pour combattre l'ennemi de front. L'histoire intempestive produite dans *Pourquoi j'écris de si bons livres*, dont nous venons d'analyser les modalités de mise en œuvre, ne se comprend qu'ainsi.

Nietzsche doit donc tout à la fois s'augmenter en renouant avec les forces de devenirs qui lui avaient autrefois permis de produire ses œuvres, et rassembler ces forces dans l'optique d'une seule tâche. On voit toutefois que ce type de travail éthique, propre au mode de subjectivation nietzschéen, ne prend sens que dans la perspective d'une action future, d'un accomplissement prochain.. Il nous faut donc à présent nous pencher sur la visée de cette perspective, c'est-à-dire que nous devons déterminer le quatrième « pli » de la subjectivation nietzschéenne : la *téléologie* du sujet moral. C'est dans le dernier chapitre d'*Ecce Homo*, intitulé *Pourquoi je suis un destin*, que nous trouverons le matériau de cette étude.

Chapitre 5 : Téléologie du sujet moral : le moi comme évènement

Le statut de *Pourquoi je suis un destin*

Pour saisir le sens et la fonction du travail éthique mis en œuvre par Nietzsche dans *Pourquoi j'écris de si bons livres* – la réactivation unifiée des forces par l'histoire intempestive – nous devons comprendre ce vers quoi ce travail tend et ce à quoi il aboutit. C'est-à-dire que nous devons saisir ce qui constitue la *téléologie* du sujet moral nietzschéen, son horizon d'attente ; celle-ci s'expose selon nous dans le dernier chapitre d'*Ecce Homo* : *Pourquoi je suis un destin.*

Nous avions dit dans notre introduction que Nietzsche, en écrivant *Ecce Homo*, escomptait produire un effet concret et visible. Ce livre devait en effet constituer une annonce tonitruante, capable de préparer le public à la réception de l'ouvrage suivant : l'*Inversion des valeurs*, dans lequel Nietzsche allait déclarer la guerre au christianisme. Le récit de soi effectué dans *Ecce Homo* ne prenait sens que dans cette perspective.

Nietzsche devait en effet concentrer toute son énergie avant le combat décisif ; rassembler toutes ses forces afin de les jeter dans la bataille. L'écriture d'*Ecce Homo* fut inséparable de cette intention agonistique ; et quand Nietzsche décrivait sa diversité pulsionnelle, les subtilités de son caractère, lorsqu'il transcrivait avec minutie les différentes étapes de son existence – ambiances, couleurs, humeurs – tout en rassemblant ces multiples et disparates déterminations dans l'unité d'une seule tâche, il ne faisait que procéder aux préparatifs du combat[258].

Nous devons rajouter à cela que l'unité ainsi produite n'était pas seulement orientée : elle était également ponctuelle. Nietzsche, par exemple, n'avait jusque-là jamais relu ses œuvres de cette façon, ni donné à l'ensemble de celles-ci une cohérence. Ce n'est qu'à l'occasion d'*Ecce Homo* qu'il entreprit de le faire ; ce n'est que dans cet ouvrage qu'il put réactiver et unifier son passé – jusque-là perçu comme désordonné : « Depuis quatre semaines, je comprends mes œuvres – mieux, je les estime. Sérieusement, je n'avais pas su ce qu'elles représentent ; je mentirais si je disais – qu'à l'exception de *Zarathoustra* – elles m'en imposaient [...] Maintenant, j'ai la conviction absolue que tout est réussi, depuis le début – que tout est un et tend à l'unité »[259].

Ce grand rassemblement de forces qu'est *Ecce Homo* se termina par « un fracas de tonnerre et de fulminations contre tout ce qui est chrétien »[260]. Cette explosion qui vint conclure *Pourquoi je suis un destin*, était fondamentalement un acte agonistique préparatoire à l'*Inversion des valeurs*. Il s'agissait du premier froissement d'épées des deux adversaires, de l'acte de campagne inaugural d'une armée à peine rassemblée. Son ambition était de « provoquer une crise comme il n'y en eut jamais sur terre », d'agir comme un explosif pour briser l'histoire en deux : « Je ne suis pas un être humain, je suis de la

---

258 Dans une lettre que nous avions déjà citée dans l'Introduction et que nous rappelons ici pour mémoire, Nietzsche confessait d'ailleurs le caractère perspectivement orienté de son autobiographie : « [je suis venu à bout d'une tâche] qui consiste à me raconter, moi même, mes écrits, mes opinions, et, *fragmentairement, dans la mesure où l'exige mon projet*, ma vie », Lettre du 6 novembre à son éditeur, à propos d'*Ecce Homo*. C'est nous qui soulignons.

259 Lettre du 22 décembre à Peter Gast.

260 Lettre du 20 novembre à Brandes.

dynamite. »[261].

Pour comprendre l'ensemble des processus de subjectivation mis en œuvre dans *Ecce Homo*, nous devons donc les référer à cette ambition guerrière ; c'est-à-dire que les trois « plis » de subjectivation décrits auparavant ne trouvent leur accomplissement que dans une *téléologie* fondamentalement pragmatique et agonistique. Nous nous proposons d'étudier *Pourquoi je suis un destin* comme le lieu d'exposition de cette téléologie, comme le chapitre final qui donne à l'ensemble d'*Ecce Homo* un sens à la fois ponctuel et perspectif.

Le rassemblement perspectif des forces, ou le moi comme évènement

La réactivation des forces effectuée dans *Pourquoi j'écris de si bons livres* ne pouvait donc trouver un sens que si ces forces se voyaient finalement rassemblées dans l'unité d'un accomplissement. L'histoire intempestive était indissociable d'une orientation future, c'est-à-dire d'une inscription au sein d'un présent en tension. C'est dans *Pourquoi je suis un destin*, qui contient à la fois la proclamation d'une tâche et l'amorce de sa réalisation, que cette tension se trouve déchargée.

Dans ce dernier chapitre en effet, Nietzsche abandonne le récit rétrospectif et les descriptions du passé. Il ne parle plus qu'au présent ; une impression d'imminence envahit alors le lecteur, tandis que la distinction entre « dire » et « produire » se voit abolie. Car ce qui est énoncé est également ce qui est accompli : Nietzsche, en proclamant son intention de déclarer la guerre au christianisme et en prophétisant les convulsions qu'apporteront ses propos[262], provoque du même coup l'attentat qu'il espérait[263]. Cet acte de guerre, qui a lieu au présent – mais un présent tendu vers l'avenir – donne sa raison d'être à

[261] *EH, PJSD*, §1.
[262] *Ibid.*
[263] On le sait, la philosophie des actes de langage place les déclarations de guerre parmi les discours éminemment performatifs. Voir J.L. Austin, *Quand dire, c'est faire*.

l'histoire intempestive de *Pourquoi j'écris de si bons livres.* Du même coup, *Pourquoi je suis un destin* se constitue comme événement à part entière.

Au cours de ces lignes, Nietzsche ne peut plus en effet penser ou représenter une action ou un mouvement, il ne peut plus être un « moi » qui fait face à des évènements. L'action est en passe d'être accomplie, ce qui supprime toute distance entre l'individu et son acte. Nietzsche est donc contraint de « devenir » lui-même cet événement. Nous devons comprendre *Pourquoi je suis un destin* comme une action pure, un mouvement réel de réalisation et de devenir ; c'est seulement ainsi que nous pouvons préciser la *téléologie* appelée par le mode de subjectivation nietzschéen. Elle vise à ce que l'individu se rapporte à lui-même comme à un événement, à un destin, achevant par-là le processus de désubjectivation. Nietzsche, au cours de ce processus, n'est rien d'autre que l'opération de scission qui sépare l'humanité en deux camps. L'alternative finale d'*Ecce Homo*, « *Dionysos contre le Crucifié* »[264], en tant qu'elle permet de subsumer et de discriminer l'ensemble des phénomènes historiques – distinguant ceux qu'elle nie, et ceux qu'elle affirme – permet ainsi à son auteur de se hausser jusqu'à un mode d'existence cosmique.

Un tel « destin *fait homme* »[265] se définit par l'immense tâche qu'il accomplit, mais également par son mode d'existence temporelle. Car, en tant qu'événement, il ne se rapporte plus à un élément substantiel préexistant afin de construire sa temporalité, mais il s'actualise au contraire au rythme de l'intempestif ; on pourrait dire qu'il ne cesse en fait de s'in-actualiser comme pur mouvement. Un événement véritable, en effet, n'arrive qu'une fois et peut être dit, en ce sens, « ponctuel » ; toutefois, on ne peut pas le qualifier de « momentané ». Car il ne constitue pas simplement un instant donné et circonscrit d'une chaîne chronologique déjà présente : il est au contraire cet acte de devenir créatif dont découlent toutes les chaînes chronologiques ; au lieu de s'insérer dans des structures historiques préexistantes, il crée sa propre forme de successivité. Ainsi, quand la Révolution française, par exemple, a lieu, elle organise son aval en inventant un nouveau calendrier, et ré-interprète son amont en construisant le concept de « Lumières » qu'elle revendique comme

---

[264] *EH, PJSD*, §9.

[265] *EH, PJSD*, §2.

source d'inspiration[266]. La déclaration de guerre nietzschéenne tente de même de structurer un nouvel ordre historique. Depuis la *Loi contre le christianisme* qui formait la conclusion de l'*Inversion des valeurs*, Nietzsche a en effet créé un comput original ; le « premier jour de l'an I » de ce nouveau calendrier correspondant au « 30 septembre 1888 du faux calendrier »[267]. Quant à l'attentat contre le christianisme qui conclut *Ecce Homo*, il analyse de façon inédite le passé – comme une longue lutte entre vitalité et décadence – et élabore un projet de rénovation complète de l'existence humaine[268]. De cette façon, il « *brise* l'histoire de l'humanité en deux tronçons. On vit *avant* lui, ou *après* lui »[269]. En portant son moi jusqu'à la dimension de l'événement, Nietzsche constitue la première pulsation – intempestive – d'un nouvel ordre temporel, et cristallise autour de lui une nouvelle forme de successivité.

Mais, nous l'avons dit, pour produire cette réorganisation dans l'ordre de la successivité, l'évènement lui-même doit avoir lieu dans l'élément d'une temporalité non-successive. L'ensemble des devenirs et des forces réactivés par cet évènement doit être vécu de manière intempestive, puis réuni dans une seule pulsation, un seul mouvement, un seul acte de devenir. Dès *Le Gai savoir*, Nietzsche pensait la nécessité d'une telle re-collection : « Eprouver l'histoire des hommes dans son ensemble comme *sa propre histoire* [...] assumer tout ceci en son âme, assumer ce qu'il y a de plus ancien, de plus nouveau ; les pertes, les espérances, les conquêtes, les victoires de l'humanité : avoir enfin tout cela en une seule âme, le condenser en un seul sentiment »[270].

---

[266] Voir R. Chartier, *Les origines culturelles de la Révolution française*.

[267] *A*, « Loi contre le christianisme ».

[268] « Ce n'est qu'à partir de moi qu'il est à nouveau des espérances [...] Il y aura des guerres comme il n'y en a jamais eu sur terre. Ce n'est qu'à partir de moi qu'il y aura sur terre une *grande politique* », *EH, PJSD*, §1.

[269] *EH, PJSD*, §8.

[270] *GS*, §337. Cette référence provient de P. Klossowski, « La "Gaya Scienza" de Nietzsche » in *Un si funeste désir*. Voilà la citation intégrale : « Quiconque est capable d'éprouver l'histoire des hommes dans son ensemble comme *sa propre histoire*, éprouve dans une sorte d'immense généralisation l'amertume du malade qui pense à la santé, du vieillard qui pense aux rêves de la jeunesse, de l'amant à qui l'aimée est arrachée, du martyr qui voit s'effondrer son idéal, du héros au soir de la bataille indécise qui lui a valu cependant des blessures et la perte de l'ami ; – mais supporter cette somme énorme d'amertume de toutes sorte, les pouvoir supporter et

C'est ce que Nietzsche tente de produire dans *Ecce Homo*. Au cours des trois premiers chapitres du livre, il a décrit son corps, ses affects, son environnement et son passé, réactivant ainsi les forces qui avaient peuplé son existence. Dans *Pourquoi je suis un destin*, c'est l'histoire millénaire de l'humanité que Nietzsche commence à rassembler en vue de son combat, en opérant tout au long du chapitre un partage fondamental[271] entre les époques historiques qu'il reprend à son compte et celles auxquelles il déclare la guerre. Nietzsche convoque donc deux types de totalités – sa vie, l'histoire mondiale – qu'il fait chaque fois émerger sur le mode du devenir. L'ensemble des forces contenues dans ces totalités se trouve alors condensé en « un seul sentiment »[272] par l'intermédiaire de cette déclaration de guerre, qui transforme le moi en événement.

Nietzsche devient cet homme décrit dans *Le gai savoir*, capable de porter le plus lourd passé tout en entrevoyant le plus vaste avenir « il a devant et derrière soi un horizon de millénaires »[273]; à ce moment seulement il peut vivre son histoire actuelle et l'ensemble de l'histoire passée et future sur le mode d'un unique évènement, intempestif par essence. Se trouvent ainsi réconciliées deux figures que Nietzsche avait autrefois opposées. Dans la quatrième *Inactuelle* il déclarait en effet que Wagner serait pour son « peuple » futur, non pas « le voyant qui scrute un avenir, mais l'interprète qui transfigure un passé »[274]. L'évènement pur qui a lieu dans *Ecce Homo* conjugue l'interprétation du passé et la tension vers l'avenir dans l'unité d'un seul sentiment, et dans la conscience de l'intempestif.

Nous pouvons alors, à la lueur de ce dernier chapitre, ré-interpréter la maxime qui inspirait le sous-titre d'*Ecce Homo* :

---

tout de même être le héros qui, au lever du second jour de bataille, salue l'aurore et sa chance, pour autant qu'il a devant et derrière soi un horizon de millénaires, en tant que l'héritier de toute noblesse d'esprit du passé, mais héritier chargé d'obligations, en tant que le plus noble de tous les anciens nobles, mais le premier-né d'une aristocratie nouvelle, comme nulle époque n'en vit ni n'en rêve assurément de semblable : assumer tout ceci en son âme, assumer ce qu'il y a de plus ancien, de plus nouveau ; les pertes, les espérances, les conquêtes, les victoires de l'humanité : avoir enfin tout cela en une seule âme, le condenser en un seul sentiment ».

[271] *EH, PJSD*, §4, 5, 6, 7, 8.

[272] *GS*, 337.

[273] *Ibid.*

[274] *CI4*, §11.

« devenir ce que l'on est ». Dans l'analyse de *Pourquoi j'écris de si bons livres* que nous avions menée précédemment, nous avions dit que la reconstruction « téléologique » par Nietzsche de son passé, et la façon qu'il avait de voir sa propre histoire comme la révélation progressive d'un Nietzsche toujours déjà-là, incitait à penser que « devenir ce que l'on est » signifiait : actualiser un ensemble de potentialités qui préexistent sans pour autant être encore parvenues à l'existence. La seule tâche de Nietzsche aurait été de devenir Nietzsche, sachant qu'en un sens spécifique il l'était déjà. Mais dans *Pourquoi je suis un destin*, la formule prend une signification toute différente. Il semble à présent que l'on ne puisse « devenir ce que l'on est » qu'en parvenant à la fois à produire une histoire intempestive, et à la résoudre en son pendant nécessaire : l'accomplissement d'une tâche dans un présent en tension, tourné vers l'avenir.

La totalité du présent et du passé est alors vécue comme une seule pulsation d'accomplissement, comme le même évènement surgissant ; les forces sont perspectivement orientées vers l'action. « Devenir ce que l'on est » signifie dorénavant : vivre la totalité de son être – ce que l'on est, ce que l'on a été – sur le mode du devenir : c'est-à-dire tourné vers ce qui est en train de s'accomplir et qui, peut-être, sera[275]. C'est à ce moment que Nietzsche peut atteindre à une forme toute spécifique d'unité du « Soi », l'unité évènementielle, et déclarer : « Ecce Homo ». « Ecce Homo », c'est-à-dire : « voilà l'homme dont la vie même se fait événement et destin » ; Nietzsche reproduit par là l'avènement christique sur un mode parodique, tout en se proclamant, nous allons le voir, l'adversaire le plus radical du « Fils de l'homme ».

On peut alors définir le type de téléologie impliqué par le mode de subjectivation nietzschéen. L'horizon de l'individu n'est pas un état définitif de félicité, d'ataraxie ou de maîtrise dans lequel il pourrait ensuite demeurer à l'infini ; c'est au contraire l'avènement d'un état de tension qui permet, en rassemblant des forces et en les

---

[275] La première interprétation de la maxime « Devenir ce que l'on est » retirait au processus de devenir son inventivité, car elle considérait que tout était déjà, de toute éternité, et que le temps n'avait qu'une fonction d'actualisation. La seconde redonne au contraire ses droits à la nouveauté et au mouvement, puisque c'est alors l'ensemble du temps vécu, souvenu ou prévu – présent, passé, futur – qui est considéré sous l'angle des devenirs qu'il contient. C'est l'ensemble de l'histoire qui peut être réinvesti et concentré dans le temps de l'évènement.

unifiant dans la perspective d'une tâche unique, d'élever l'existence jusqu'à son plus haut niveau d'intensité. La téléologie de l'éthique nietzschéenne réside donc dans l'expérience extatique permise par l'identification du « Soi » à un événement qui accomplit un destin.

L'épuration des masques au profit de leur condition de possibilité, et l'avènement de Dionysos

Intéressons-nous à présent aux modalités de ce rassemblement des forces dans l'unité d'une tâche globale, c'est-à-dire à la condition de possibilité de l'évènement. On sait que Nietzsche, dans *Pourquoi j'écris de si bons livres*, avait unifié une multiplicité de forces passées grâce à la reconstruction perspective des différentes étapes de sa propre vie. Partout où apparaissaient des noms étrangers, Nietzsche était allé mettre son nom ou celui de Zarathoustra – qui accédait à la dignité de « personnage conceptuel » en tant qu'il constituait un signe capable d'outrepasser Nietzsche lui-même.

Dans *Pourquoi je suis un destin*, « Zarathoustra » comme signe se trouve lui-même explicité ; c'est alors le plus important des masques qui vient à tomber : « voilà ce que signifie dans ma bouche le nom de Zarathoustra »[276], annonce Nietzsche. Mais cette ultime révélation sémiotique, qui permet à Nietzsche d'exposer la figure du prophète perse comme signe de la morale qui se surpasse elle-même par sincérité, ne donne pas lieu à une simple traduction. Car derrière « Zarathoustra » nous ne nous découvrons pas simplement « Nietzsche », mais un processus vital qui trouve son plan d'effectuation dans l'histoire de la morale et des modes d'existence.

« Zarathoustra » comme signe exprime donc un mouvement de dépassement de la morale. Elle se réalise sous la forme de deux négations : « Zarathoustra » prend tout d'abord parti contre « les *gens de bien*, les *bien-veillants*, les *bien-faisants* », déclare Nietzsche. Cette

[276] *EH*, *PJSD*, §2.

critique se prolonge dans l'invention d'un nouveau type d'homme, ennemi mortel du précédent[277]. Face aux mensonges doucereux des idéalistes moraux, Nietzsche en appelle à « un type relativement surhumain », à une « race d'homme » qui « conçoit la réalité *telle qu'elle est* » – et fait l'économie des mensonges doucereux de l'idéalisme bienveillant[278]. Mais cette lutte contre le « Bien » ne se comprend que si on la replace dans un combat plus large contre « la morale de *décadence* » dans son ensemble, dont l'homme bon n'est qu'une figure parmi d'autres[279]. C'est à partir de ce dernier combat qu'*Ecce Homo* pourra recevoir son sens le plus profond. Au « *dénigrement du monde* » qu'implique la morale de la décadence, Nietzsche va en effet opposer l'affirmation de la vie dans sa multiplicité[280].

Dans les paragraphes sept et huit de *Pourquoi je suis un destin*, Nietzsche va ainsi développer de fulminantes imprécations contre le christianisme. Contre les tendances décadentes et mortifères de ce dernier, qui érige la contre-nature en norme et refuse la vie, Nietzsche va invoquer l'histoire mondiale et la totalité de sa propre existence – la diversité de ses dispositions et pulsions, les différents épisodes de sa vie. Chaque paragraphe est introduit par un « M'a-t-on compris ? » qui scande le texte et structure son développement ; les puissances réactivées par le propos nietzschéen se trouvent ainsi rassemblées en une seule pointe, une seule offensive. Ces « M'a-t-on compris ? » sont autant de coups de marteaux, et leur vacarme ne cesse de s'amplifier jusqu'au choc final, qui vient clore le texte : « M'a-t-on compris ? – *Dionysos contre le Crucifié...* »[281].

L'écriture nietzschéenne évacue alors définitivement les différents masques dont elle avait pu user ; mais derrière ceux-ci nous ne trouvons pas « Nietzsche » comme ultime identité unifiante. Bien plutôt, la ronde des masques est supplantée par ce qui est leur condition même de possibilité : Dionysos, entendu comme principe d'affirmation de la vie multiple, divinité séductrice du jeu et de l'ivresse. Dionysos est alors tout à la fois le synonyme du destin et de

---

[277] « Zarathoustra [...] est – par conséquent – ami des méchants », *EH*, *PJSD*, §5.
[278] *Ibid.*
[279] *EH*, *PJSD*, §4.
[280] *EH*, *PJSD*, §6.
[281] *EH*, *PJSD*, §9.

l'événement nietzschéen ; il est la seule figure capable d'accueillir la totalité des forces abritées par Nietzsche. En son nom peut s'exprimer la face affirmatrice et créatrice de la lutte contre la morale décadente. Car après avoir déclaré la guerre au christianisme, dénoncé la mutilation vitale qu'il produit, Nietzsche peut ériger triomphalement l'idée même d'augmentation et d'affirmation de la vie. Face à l'idéal néfaste du Crucifié, il invoque un contre-idéal capable de créer « à nouveau des espérances »[282], et qui puisse constituer la « promesse d'un avenir »[283] : Dionysos.

Dionysos, contre-idéal du Crucifié

« Dionysos contre le Crucifié » ; pour saisir la signification de cette alternative qui vient clore *Ecce Homo*, nous devons voir que le dernier chapitre de l'œuvre, *Pourquoi je suis un destin*, était comme nous l'avons dit le lieu d'une double négation – et d'une double affirmation conséquente. D'une part donc, Nietzsche et Zarathoustra combattaient les « *gens de bien* »[284], c'est-à-dire les menteurs idéalistes, que ceux-ci se dissimulent sous les habits du saint, du prophète ou du fondateur de religion. Se distinguant de ces improbes vertueux, Nietzsche déclarait : « je ne veux pas de croyants, je crois que j'ai trop de malice pour "croire" un jour en moi [...] J'ai une peur panique que l'on n'aille un beau jour me *canoniser* »[285]. Il choisissait alors d'être « plutôt encore un pitre » qu'un « saint »[286]. De la même façon, Zarathoustra, dans l'*Avant-propos* d'*Ecce Homo*, s'opposait tant au « prophète » qu'au « fanatique », et ne réclamait pas de disciples pour sa doctrine[287]. Il ne prêchait pas une croyance, et se contentait de contredire les idéalistes par sa pratique : « il parle différemment, il *est* aussi différemment »[288].

---

282 *EH*, *PJSD*, §1.
283 *EH*, *PJSD*, §8.
284 *EH*, *PJSD*, §4.
285 *EH*, *PJSD*, §1.
286 *Ibid.*
287 « Vous êtes mes fidèles, mais qu'importent tous les fidèles ? », *EH*, *AP*, §4.
288 *Ibid.*

Mais en refusant toute croyance et toute sanctification, Nietzsche ne combattait pas l'ensemble du christianisme, mais seulement une de ses branches. De même, la critique des « *gens de bien* » n'était qu'une partie de la lutte globale contre la morale de décadence. Ce qui se trouvait visé alors, c'était uniquement le christianisme de saint Paul et des Premiers Chrétiens ; car le type pur du Rédempteur (sous sa forme historique : Jésus-Christ), tel que l'analyse l'*Antéchrist*, était exempt de ces déterminations.

Le Christ en lui-même était loin d'être un fondateur de religion et si l'on en croit Nietzsche : « Le prophète, le Messie, le Juge futur, le maître de morale, le thaumaturge, saint Jean-Baptiste » sont « autant d'occasions de se méprendre sur ce type »[289]. A l'instar de Zarathoustra, Jésus n'exigeait pas de foi, et sa doctrine résidait tout entière « dans une nouvelle *pratique*, la pratique proprement évangélique »[290]. La réalité de la rédemption prônée par le Crucifié, était « un nouveau mode de vie, et *non* une nouvelle croyance »[291]. Dans l'*Antéchrist*, Nietzsche explicita enfin le type christique en des termes qui le rapprochent étonnamment de Zarathoustra : « *Non* croire, mais faire, et surtout, *ne-pas-faire* beaucoup de choses, *être* différemment »[292].

Nous devons donc distinguer d'un côté la critique par Nietzsche des « gens de bien » et de l'idéalisme mensonger des prêtres – qui utilisent la croyance et la foi comme moyen de puissance – et de l'autre côté le combat qu'il mène contre l'idéal du Rédempteur. Car tandis que Zarathoustra peut se contenter de mépriser les « *bienveillants* », la lutte contre « *le Crucifié* » implique de son côté la création d'un contre-idéal de même force, et de stature comparable. Dionysos, tout comme le Christ, ne sont pas de simples fondateurs de religion qui exigeraient de leurs fidèles foi et obéissance : ils font signe vers une pratique et un mode d'être vital spécifiques.

---

289 *A*, §31.
290 *A*, §33.
291 *Ibid.*
292 *A*, §39. Il faut comparer ces remarques à ce que dit Nietzsche de Zarathoustra dans l'avant-propos d'*Ecce Homo* : « Mais, que dit-il [Zarathoustra] lui-même lorsqu'il s'en retourne pour la première fois dans sa solitude ? Exactement le contraire de ce que n'importe quel « sage », « saint », « sauveur du monde », ou tout autre *décadent* dirait en pareil cas.. Non seulement il parle différemment, il *est* aussi différemment.. ».

Le Crucifié représente ainsi la décadence pure, c'est-à-dire la diminution de la vie jusqu'à sa disparition ; il constitue la forme européenne du bouddhisme. Il est fondamentalement animé par « *la haine instinctive de la réalité* » ; il prône « *la répression instinctive de tout sentiment d'antipathie, d'hostilité, d'exclusion, de distance* »[293]. Dionysos, de son côté, combat ce refus du monde en affirmant l'existence dans tout ce qu'elle peut avoir de plurivoque. A la décadence vient s'opposer la santé, et même la grande santé, cet état supérieurement plastique qui considère la blessure, la souffrance et même la maladie comme des éléments nécessaires à la vie en croissance, et non pas comme des objections à l'existence. Dionysos et le Crucifié sont donc deux principes au statut équivalent, qui possèdent le même mode d'être ; mais tandis que l'un exprime et implique la fuite hors du monde et de la souffrance, l'autre exalte l'existence dans sa multiplicité – en y comprenant la souffrance[294].

Le Christ est donc à la fois un modèle et un contre-modèle ; en cela il possède un statut comparable à celui de Socrate (tel que nous l'avions présenté précédemment). Pour éclaircir le type de subjectivation produit par la déclaration finale d'*Ecce Homo* (« Dionysos contre le Crucifié »), nous pouvons donc revenir sur les points qui à la fois rapprochent et distinguent Nietzsche de ces deux figures fondatrices de la métaphysique et de la morale : Socrate et Jésus-Christ[295].

---

[293] *A*, §30. On pourra remarquer avec intérêt que la morale diététique nietzschéenne exposée dans *Pourquoi je suis si avisé* coïncidait sur certains points avec la pratique christique, dans la mesure où toutes deux conseillent d'éviter les sentiments d'exclusion et d'hostilité défensive (Voir *EH, PJSA*, § 8, et *A*, §35). La différence fondamentale vient de la finalité à laquelle s'ordonne cette pratique vitale. Dans le cas du christianisme, c'est en raison d'une trop grande excitabilité que l'on évite les interactions, afin d'esquiver la souffrance. Pour Nietzsche, c'est justement en vue de préserver au maximum cette excitabilité qu'il faut réduire certaines excitations et contrôler rigoureusement leur régime.

[294] Nietzsche l'explique lui-même dans *FP* XIV, 14[89], « Dionysos contre le "crucifié" : vous avez là l'opposition : la différence n'est *pas* relative au martyre, – celui-ci a seulement un sens différent. La vie même, sa fécondité et son retour éternel implique le supplice, la destruction, la volonté d'anéantir... d'un autre côté, la souffrance, le "crucifié innocent", vaut comme objection contre cette vie, formule de sa condamnation. On le devine : le problème est celui du sens de la souffrance : ou bien sens chrétien, ou bien sens tragique... ».

[295] La comparaison avec Socrate avait certes déjà été effectuée dans le paragraphe « *Ecce Homo*, ou la subversion du genre autobiographique », mais nous en reprenons

Nietzsche, Socrate et Jésus Christ effectuent chacun une tentative de subversion radicale de l'ordre en place. Tous trois doivent répondre à une interpellation explicite – le procès de Socrate et du Christ – ou implicite dans le cas de Nietzsche. Les trois refusent de jouer le rôle qui leur est imparti par cette accusation, abandonnent toute perspective d'acquittement[296] et préfèrent ré-affirmer sans compromis la totalité de leur existence[297]. Enfin, chacun porte avec lui, non seulement de nouvelles croyances, mais aussi un régime vital différent, un nouveau style de vie : Socrate invente l'existence

---

des parties ici dans la mesure où elle va nous permettre d'éclairer le rapport de Nietzsche au contre-modèle christique, et le passage d'une pragmatique judiciaire à une pragmatique guerrière.

[296] Le Christ et Socrate n'acceptent aucun des reniements, des excuses et des fuites qui auraient pu les aider à échapper à la peine. Nietzsche, de son côté, refuse d'être interprété de manière idéaliste (voir *EH, PJSBL,* §1) ce qui lui aurait pourtant permis de se voir « pardonné » par ses contemporains.

[297] Chacun dans son style propre, bien entendu. Socrate le fait avec une fierté respectueuse :« D'autres ont écrit sur son procès, et tous ont bien rendu la fierté de son langage, ce qui prouve que c'est bien ainsi qu'il parla », voir Xénophon, *Apologie de Socrate).* Nietzsche joue de son côté le rôle d'un histrion parodique : il suffit d'observer les titres des chapitres d'*Ecce Homo* (« Pourquoi je suis si sage » ; « Pourquoi j'écris de si bons livres ») ou bien de repérer l'alternance des déclarations grandiloquentes et des remarques parodiques : « Je suis un messager de *bonne* nouvelle comme il n'en fut jamais, je connais des tâches si hautes que la notion même n'en existait pas avant moi. Ce n'est qu'à partir de moi qu'il est à nouveau des espérances. Avec tout cela, je suis aussi, nécessairement, l'homme de la fatalité. Car lorsque la vérité engagera la lutte contre le mensonge millénaire, nous connaîtrons des ébranlements, des convulsions séismiques, des bouleversements tectoniques tels que nous n'en avons jamais rêvé » ; et, à l'opposé, « Je ne veux pas être un saint, plutôt encore un pitre… Peut être suis-je un pitre ». Jésus-Christ, enfin, use lui de la plus grande humilité sans faire pour autant la moindre concession : « Or les grands prêtres et tout le sanhédrin cherchaient un faux témoignage contre Jésus pour le faire condamner à mort ; ils n'en trouvèrent pas, bien que beaucoup de faux témoins se fussent présentés. Finalement, il s'en présenta deux qui déclarèrent : "Cet homme a dit : Je peux détruire le Sanctuaire de Dieu et le rebâtir en trois jours." Le Grand Prêtre se leva et lui dit : " Tu n'as rien à répondre ? De quoi ces gens témoignent-ils contre toi ? " Mais Jésus gardait le silence. Le Grand Prêtre lui dit : " Je t'adjure par le Dieu vivant de nous dire si tu es, toi, le Messie, le Fils de Dieu". Jésus lui répondit : "Tu le dis. Seulement, je vous le déclare, désormais vous verrez *Le Fils de l'homme siégeant à la droite du Tout-Puissant et venant sur les nuées du ciel*". Alors le Grand Prêtre déchira ses vêtements et dit : "Il a blasphémé. Qu'avons-nous encore besoin de témoins ? Vous venez d'entendre le blasphème. Quel est votre avis ?" Ils répondirent : "Il mérite la mort" », voir *Evangile selon saint Matthieu 26.59-67.*

proprement philosophique, le Christ réalise jusqu'au bout l'instinct de décadence, tandis que Nietzsche découvre la « grande santé » et l'inversion des valeurs qu'elle permet.

Nietzsche, Socrate et le Christ se trouvent donc réunis par l'importance de leur missions respectives. Ils ont chacun tracé de nouveaux itinéraires à la civilisation, ils ont inventé des modes de vie et d'être. Un partage radical s'opère toutefois entre le premier et les deux suivants. Car la subversion métaphysique de l'ordre établi, dont relèvent les démarches socratiques et christiques, ne s'accomplit jamais qu'au nom d'une légitimité supérieure ; la justice des hommes est récusée au profit d'un autre tribunal : tribunal de la vérité dans un cas, tribunal divin dans l'autre.

Face à ce tribunal supérieur, Jésus autant que Socrate s'estiment responsables. Leur refus de l'interpellation judiciaire ne s'explique donc que par leur acceptation d'une autre interpellation, par leur assujettissement à une autre forme de pouvoir. Nietzsche, à l'inverse, procède à une désubjectivation radicale et élimine pour son compte toute forme de responsabilité. Il ne se considère plus que comme un pur événement, un surgissement innocent et nécessaire ; son être-sujet s'est aboli en même temps qu'il croissait jusqu'à s'identifier à une nécessité cosmique – et prenait la forme d'un moi-événement, d'un moi-destin.

Mais ce tribunal transcendant, auquel Socrate et Jésus ne cessent de se référer, n'est pas seulement une instance en face de laquelle ils ont à rendre des comptes. Elle est aussi ce qui leur permet de juger leurs contemporains, de mettre en procès leurs accusateurs. Socrate peut ainsi condamner ses dénonciateurs au nom de la vérité elle-même[298], tandis que la mort du Christ en croix s'inscrit dans une perspective eschatologique impliquant tout à la fois la parousie et le Jugement Dernier. Nietzsche, en revanche, ne peut justifier sa lutte contre la métaphysique au nom d'une instance supérieure et préexistante. Il refuse en effet d'inventer des idoles, ou un tribunal fictif qui servirait sa cause ; il ne peut donc parler et juger qu'au nom d'espérances futures. C'est cette postérité remplie d'espoir qui joue le rôle d'instance de légitimation dans le discours nietzschéen ; c'est face

---

[298] « Et maintenant moi, je vais sortir d'ici condamné à mort par vous, et eux, condamnés par la vérité comme méchants et criminels, et moi, je m'en tiens à ma peine et eux à la leur », voir Platon, *Apologie de Socrate*, 39b.

à elle, et à son intention que Nietzsche rend compte de lui-même. C'est en son nom – au nom des possibilités que contient la vie – qu'il s'oppose à la métaphysique. Le destinataire de son acte de subjectivation n'est pas donc pas une instance ou une personne existante, comme c'est le cas dans l'autobiographie classique qui répond à une interpellation implicite effectuée par la société ou la divinité. Nietzsche s'adresse à un lectorat à venir, qu'il crée en quelque sorte à la mesure de son œuvre. Le statut spécifique de ce destinataire – pas encore né, ni même imaginé – permet au discours nietzschéen de s'affirmer de manière libre et originale, sur fond de rapport à soi désubjectivé et déresponsabilisé. Dans *l'Avant-propos* de *l'Antéchrist*, il s'adresse ainsi à son lectorat à venir : « Ce livre est réservé au plus petit nombre. Peut être même, de ce nombre, aucun n'est-il encore né. Ce pourraient être ceux qui comprendront mon *Zarathoustra* : comment me serait-il *permis* de me confondre avec ceux pour qui, dès aujourd'hui, naissent des oreilles attentives ? C'est l'après-demain seulement qui m'appartient. Certains naissent posthumes [...] Eh bien ! Ceux-là seuls sont mes lecteurs, mes vrais lecteurs, mes lecteurs prédestinés ? qu'importe *le reste* ? Le reste n'est que l'humanité »[299].

L'hostilité nietzschéenne à la métaphysique ne prend sens qu'en référence à un espoir, un « à-venir ». Il n'existe pas de tribunal permettant de juger la morale, mais seulement un élan vital d'affirmation qui la tient en échec. La seule instance supérieure admise par Nietzsche est la vie, non en tant qu'actuellement existante, mais en ce qu'elle recèle d'infinies possibilités. Elle est à la fois parfaitement immanente et totalement indéterminée ; elle n'est qu'un « à-venir » possible.

Le geste nietzschéen ne peut donc pas se conclure par un verdict définitif à l'encontre de la métaphysique ; car la vie n'applique pas de loi, et n'exerce pas de jugement. Nietzsche peut simplement, au nom de la multiplicité de l'existence, engager une lutte contre les forces qui mettent en péril cette multiplicité, et asphyxient les individus : le nihilisme, la décadence, la morale métaphysique. *Ecce*

[299] Autre exemple de référence à un lectorat futur, dans *Ecce Homo* cette fois : « Moi non plus, je ne suis pas encore à l'ordre du jour : il en est qui naissent posthumes [...] Mais je serais totalement en contradiction avec moi-même si j'espérais trouver dès aujourd'hui des oreilles et des *mains* aptes à saisir *mes* vérités », *EH*, *PJSBL*, §1.

Homo, qui avait débuté par la subversion du mode de subjectivation métaphysique, se conclut par sa pure négation. Car dans *Pourquoi je suis un destin*, le régime autobiographique d'énonciation performative, codé sur le mode de l'interpellation, se trouve alors non seulement subverti mais évacué au profit d'un flux de guerre totalement décodé. Face à l'interpellation, Nietzsche ne cherche pas à se justifier, et répond par la violence. Cette violence toutefois, nous l'avons dit, ne saurait devenir à son tour directement normative et prescriptive : « Dionysos contre le Crucifié », adressé au lectorat à-venir, n'est même pas un ordre de bataille, mais un simple cri d'exhortation. Agissant au nom des potentialités que recèle l'existence, Nietzsche ne peut exiger de ses disciples un comportement déterminé, mais simplement la poursuite par ceux-ci du processus d'affirmation de la vie[300].

La nouveauté de cette conception du moi, et le caractère ponctuel de sa production

Pour comprendre les enjeux d'*Ecce Homo* et la radicale nouveauté introduite par cette œuvre sur la question de la subjectivation et du rapport à soi, il peut être intéressant de comparer la conception du « moi » qui en émerge à celles que Nietzsche avait pu développer précédemment. On peut ainsi se référer aux toutes premières tentatives autobiographiques de Nietzsche, qui datent de

300 Ainsi s'explique l'adresse de Zarathoustra à ses disciples citée dans l'Avant-propos d'*Ecce Homo* : « Vous croyez en Zarathoustra, dites-vous ? Mais qu'importe Zarathoustra ? Vous êtes mes fidèles, mais qu'importent tous mes fidèles ! Vous ne vous étiez pas encore cherchés : c'est alors que vous m'avez trouvé. Ainsi font tous les fidèles et c'est pourquoi toute foi compte si peu. Maintenant je vous ordonne de me perdre et de vous trouver ; et ce n'est qu'*après que vous m'aurez tous renié* que je vous reviendrai ! ». Nietzsche ne peut en effet demander à ses fidèles qu'une seule chose : que leur existence soit suffisamment singulière et originale pour que la vie puisse être affirmée et diversifiée. Tout ordre spécifique venant en sus serait de ce fait contre-productif ; l'existence ne doit pas être bridée.

son adolescence[301]. Ces écrits se divisent en deux catégories. La première se rapproche de l'inventaire : on y trouve de longues listes qui détaillent les œuvres lues, entendues, écrites et composées, et qui rassemblent autour de quelques noms les étapes de la formation intellectuelle de Nietzsche. La seconde catégorie, elle, consiste en de courts récits autobiographiques, intitulés *Ma vie* et suivis d'une date ; ils forment une série de variations autour de quelques évènements marquants, comme la mort et le deuil du père, le départ du village natal de Naumburg. Pour le jeune Nietzsche, il s'agit alors de saisir en quelques pages les éléments qui ont déterminé la formation de son caractère. Le but de ces écrits semble être d'expliquer le présent, et de déchiffrer le sens global de la vie jusque-là vécue. On comprend ainsi que la narration soit à chaque fois téléologiquement orientée par la situation qui est celle de Nietzsche au moment de l'écriture.

Dans les deux cas, Nietzsche effectue des bilans afin de comprendre sa situation présente, et de lui donner un sens. L'ontologie qui sous-tend la narration reste globalement la même : le « moi » est conçu comme une substance malléable à laquelle s'ajoutent les déterminations et les influences qui proviennent du monde extérieur. Ce « moi », tout en étant soumis à la fatalité extérieure – c'est-à-dire à l'accumulation aveugle des évènements – est par ailleurs doué de liberté. La condition proprement humaine découle du balancement entre la liberté du moi, et la nécessité implacable des évènements extérieurs qui viennent le modeler. Cette conception, développée de manière implicite dans les autobiographies de l'adolescence, est explicitée dans *Fatum et histoire*, un essai que Nietzsche écrit à l'âge de dix-huit ans.

Mais déjà dans ce texte affleure une idée plus puissante ; car le « libre-arbitre » que Nietzsche accorde encore à l'homme « pourrait n'être que la plus haute puissance du fatum »[302]. Au sein d'un texte qui livre une conception encore substantielle du « moi » et de ses rapports avec l'extérieur, vient donc s'introduire une intuition qui met cette conception en péril : le « moi » n'est peut-être qu'une des formes prise par le destin. L'*ego* ne serait alors plus conçu de manière

[301] Voir F. Nietzsche, *Ecrits autobiographiques*. Pour l'analyse qui suit, on se référera pour une bonne part à M. Crépon, *Amitié, lecture et écriture* (postface aux *Ecrits autobiographiques* de Nietzsche).
[302] *Ecrits autobiographiques*, « Fatum et histoire ».

indépendante et substantielle, mais constituerait simplement un mode des évènements.

Des années plus tard, la troisième des *Considérations inactuelles* a pu sembler un temps dépasser ces conceptions en direction d'un individu conçu de façon non-substantielle. Dans ce texte, Nietzsche considérait en effet le « moi », non comme un donné, mais comme quelque chose à atteindre, à produire : « Ton essence vraie n'est pas cachée au fond de toi, elle est placée infiniment au-dessus de toi »[303], expliquait-il. Mais la nouveauté de cette affirmation était toute relative ; si le moi n'était pas un donné, il restait toutefois conçu de manière essentielle. Sa vraie nature, réelle, aurait simplement été cachée aux yeux inattentifs. Le travail de l'éducateur aurait alors été d'aider son élève à révéler cette nature : « Tes vrais éducateurs [...] te trahiront ce qui est vraiment le sens originel et la substance fondamentale de ton essence, ce qui résiste absolument à toute éducation et à toute formation, quelque chose en tout cas d'accès difficile »[304]. La troisième *Inactuelle* fait donc résider en chaque être humain un moi réel conçu comme une potentialité permanente et dissimulée, qu'il s'agirait de faire advenir à l'existence actuelle à force de travail et de déchiffrement de soi. « Tu dois devenir ce que tu es », qui servait à l'époque de maxime à Nietzsche et à son groupe d'amis, ne signifiait alors rien d'autre que l'injonction à rendre effective une disposition préexistante. Le moi réel était cet être qui avait pour vocation de passer de la puissance à l'acte.

Nous voyons alors clairement en quel sens *Ecce Homo* introduit une conception radicalement nouvelle du rapport à soi. Le mode de subjectivation qui prend pour socle un moi-destin est en effet en complète rupture avec ces deux idées encore substantielles du moi. Si on la compare aux textes autobiographiques de la jeunesse, il opère un bouleversement radical dans le régime ontologique du rapport à soi.

Dans *Pourquoi je suis un destin*, le moi n'est plus cette substance malléable sur laquelle viendraient s'ajouter les évènements et les déterminations, mais cet acte de récupération de la totalité des évènements dans l'unité d'un seul devenir, d'un seul mouvement. C'est le moi lui-même qui parvient à se faire évènement, en tant qu'il est la

---

303 *CI3*, §1.
304 *Ibid.*

résultante de l'interprétation – au sein d'un présent en tension – de l'ensemble des phénomènes passés : la vie de Nietzsche, l'histoire mondiale. Le moi s'identifie au *fatum*, non pas parce qu'il conduit les évènements ou parce qu'il accepte son destin – cela tiendrait encore d'une conception substantielle du moi, où celui-ci serait réellement « quelque chose ». Or, Nietzsche sait que le « moi » n'est rien d'autre que la façon provisoire dont le « Soi » s'unifie et se saisit consciemment.

Le « moi-destin » d'*Ecce Homo* est donc l'identification concrète et ponctuelle de Nietzsche à l'événement qu'il produit. Mais si une telle identification peut se produire, c'est parce que tout ce qui constituait le « moi » de Nietzsche, c'est-à-dire sa mémoire et son passé, a pu être ré-interprété comme devenir par la vertu de l'histoire intempestive. La formule « Tu dois devenir ce que tu es » gagne alors, dans *Ecce Homo*, un sens nouveau ; elle signifie alors : « Tu dois vivre l'ensemble de ton être sur le mode du devenir ».

Le mode de subjectivation ainsi mis en œuvre consiste au final à se rapporter à soi et à sa vie comme à un événement. Nietzsche a donc réussi, ainsi qu'il le projetait en 1881, à créer dans *Ecce Homo* « quelque chose de nouveau » qui ne soit « ni *ego*, ni *tu*, ni *omnes* »[305]. Mais il n'y est pas parvenu en se laissant « posséder par les choses », par « un ensemble assez vaste de choses vraies ». Le problème dans *Ecce Homo* n'a pas été de découvrir une quelconque « vérité » du moi, d'autrui ou des choses, mais de parvenir à ressaisir l'ensemble des phénomènes vécus sous l'angle de leurs devenirs. Les concepts de « moi », « d'autrui » et de « choses » se sont alors trouvés subvertis, puisque considérés uniquement dans leur signification pragmatique, en tant qu'ils relèvent d'interactions concrètes et de modes vitaux.

Une fois que les devenirs internes aux phénomènes ont été ressaisis pour eux-mêmes, Nietzsche a alors pu s'identifier à eux au cours de l'unification produite par le surgissement de l'événement – l'accomplissement d'une tâche. Nietzsche n'était plus alors pour Nietzsche une chose ou une personne, mais un surgissement. Non une substance, mais un passage, une brisure. Ou, pour le dire dans un vocabulaire nietzschéen : « de la dynamite »[306].

---

[305] *FP* 1881, 11[21]. Nous avions déjà cité ce texte à la fin de notre Première partie.

[306] La racine grecque du terme « dynamite » semble d'ailleurs confirmer l'idée selon laquelle Nietzsche se rapporte à lui comme un pur mouvement.

Le moi-évènement créé dans *Ecce Homo* n'étant pas une substance, il ne constitue pas pour Nietzsche un état acquis au sein duquel il pourrait demeurer ; le *télos* du sujet moral nietzschéen n'est jamais définitif. Il ne consiste qu'en l'unification ponctuelle, évènementielle, d'un ensemble extrêmement vaste de forces disparates[307]. Le « moi-évènement » est donc un acte momentané, dont le résultat est éminemment provisoire. Il convient donc, après avoir montré la façon dont cette forme spécifique du « moi » s'est créée, de voir la manière dont elle s'est défaite.

---

[307] Pour mieux comprendre la façon dont *Ecce Homo* vient réactiver et unifier un ensemble de forces disparates, nous pouvons utiliser les concepts développés par Gilbert Simondon. Dans *L'individuation : à la lumière des notions de forme et d'information* (« L'individuation des êtres vivants », « 4. De l'information à la signification », p. 223), il emprunte un exemple à la biopsychologie de la vision. Chaque acte de vision s'appuie sur une disparation binoculaire, puisque les images fournies par chacun des yeux ne sont pas superposables. C'est l'opération d'invention du relief comme dimension supplémentaire qui permet la mise en relation des deux images, et la transformation d'un manque et d'une inadéquation (la disparation, c'est-à-dire la non-coïncidence de l'image de l'œil droit, et de celle de l'œil gauche) en un supplément d'information : la perception de la profondeur.
Pour Simondon (*L'individuation : à la lumière des notions de forme et d'information*, « Introduction », p. 34), ce modèle permet de penser les actes d'individuations : les choses individuelles se forment en effet selon lui par résolution d'une différence de potentiel, d'une « disparation ». L'idée est que la disparation, au lieu de devenir contradiction, se transforme en supplément d'information et d'être par l'invention d'une nouvelle dimension de l'être. Cette invention se nomme, d'après lui, transduction. Nous pensons que la création par Nietzsche du moi-événement comme structure permettant de résoudre et d'unifier la diversité vitale disparate décrite dans *Ecce Homo* constitue un processus de transduction de type simondonien. Si Nietzsche s'était considéré lui-même comme un « moi » personnel et substantiel, il aurait été contraint à la perte d'information (c'est-à-dire que certains pans de son être n'auraient pu être repris dans l'acte de son individuation). Le moi comme événement permet au contraire de sauvegarder toutes ces forces disparates et de les tenir toutes ensembles dans l'unité d'une seule tâche. Simondon nous fait également voir l'importance cruciale de la temporalité non-successive dans laquelle se meut le moi-événement de Nietzsche. En effet, le temps n'est pas, dans le modèle transductif, un cadre ou une condition de l'ontogenèse (comme dans la dialectique). Il est au contraire une dimension parmi d'autres de l'être s'individuant. On ne s'étonnera donc pas que le « moi » inédit de Nietzsche réclame une temporalité d'un nouveau type, comme dimension de son individualité propre.

La destruction du mode d'être-destin : « chaque nom de l'histoire, c'est moi »

Par rapport aux textes de jeunesse, ou même à la troisième *Inactuelle*, *Ecce Homo* constitue donc une innovation radicale ; le moi substantiel y est définitivement abandonné, et ne peut plus être le centre stable de l'existence, sur lequel viendraient s'imprimer les évènements et les déterminations. Mais cette désubjectivation est complétée par un processus de re-subjectivation, qui a ceci de particulier qu'il ne se réalise pas dans un moi personnel, mais dans un rapport à soi comme destin, comme évènement. Le mode-Nietzsche revient sur lui-même comme totalité des devenirs perçus, et se comprend comme leur unification au sein d'un même mouvement d'accomplissement. L'ensemble des forces réactivées tout au long d'*Ecce Homo* se rassemble, se concentre, jusqu'à s'exprimer sous la forme d'un unique coup de marteau qui constitue tout à la fois une déclaration de guerre, un attentat – c'est-à-dire un *acte* de guerre – et l'effectuation d'un événement : « Dionysos contre le Crucifié »[308].

Cependant, nous l'avons expliqué, cet acte de subjectivation ne permet en aucun cas d'atteindre un état définitif du rapport à soi ; « l'Ecce Homo » de Nietzsche, ce mode de présentation destinal, ne se produit que dans *Ecce Homo.* L'homme « Nietzsche » en tant que vivant concret n'existe pas simplement pour déclarer la guerre au christianisme ; il vit également comme un simple « moi », y compris en 1888. Il faut en effet garder à l'esprit que le rapport à soi comme destin n'est pas la simple conséquence d'un ensemble de croyances, ou d'une certaine appartenance doctrinale, mais le résultat d'une véritable production. En conséquence, si le processus de désubjectivation est complété dans *Ecce Homo* par un mouvement de re-subjectivation destinal qui assure la réussite de la tâche nietzschéenne, cet accomplissement n'a rien de nécessaire. Qu'un évènement ait été réalisé une fois ne signifie en aucun cas qu'il soit reproductible à

---

[308] *EH, PJSD,* §9.

l'infini. Très peu de temps après l'écriture d'*Ecce Homo*, se produira ainsi la destruction de ce mode de subjectivation.

Au début du mois de janvier 1889, c'est-à-dire moins d'un mois après la révision de la dernière version d'*Ecce Homo*, Nietzsche sombre dans la démence. Du 1er au 6, il est plus précisément dans une sorte d'état intermédiaire, à la frontière entre raison et folie. Alors qu'il réside à Turin[309], il envoie à divers correspondants des lettres étonnantes, qualifiées communément de « lettres de la folie ». La plus connue, datée du 5 janvier 1889 est adressée à Jacob Burckhardt, son ancien professeur à Bâle. Dans cette lettre s'observe un processus radical de désubjectivation, qui n'est suivi d'aucune re-subjectivation.

Contrairement à ce qui s'était produit dans *Ecce Homo* en effet, aucune tâche, aucun évènement ne vient en effet re-collecter les différents devenirs qui y sont convoqués ; ceux-ci s'éparpillent et s'expriment de manière autonome, sans cohérence aucune. Nietzsche ne revient sur lui-même que de manière anarchique et désordonnée, la lettre attestant d'une valse incessante des identités : « J'ai deux fois de suite assisté à mon propre enterrement, d'abord en tant que Comte Robilant (non, celui-ci est mon fils, pour autant que je suis Carlo Alberto, infidèle à ma nature) mais j'étais moi-même Antonelli. ».

La désubjectivation semble aussi radicale que dans *Ecce Homo* : dans sa lettre comme dans son livre, Nietzsche convoque d'innombrables figures qui proviennent tant de l'actualité mondaine que de sa vie personnelle, tant de la mythologie que de la rubrique « faits divers » du *Figaro*. La différence est qu'il ne peut ici rassembler les différentes forces de l'histoire mondiale dans l'unité d'un seul événement. Le mode de subjectivation destinal produit dans *Ecce Homo* permettait en effet à Nietzsche de discriminer ses affects en produisant deux cassures : une cassure temporelle, qui consistait à « briser en deux l'histoire de l'humanité » – cette cassure se trouve exemplifiée par l'invention d'un nouveau calendrier dans *l'Antéchrist* – et une cassure « politique », qui pouvait diviser l'ensemble des figures présentes ou passées en « amies » et « ennemies ». Les forces « amies » pouvaient alors être unifiées dans la pulsation évènementielle de la déclaration de guerre au christianisme.

---

309 Se rapporter sur cette question au livre de P. Klossowski, *Nietzsche et le cercle vicieux*. Les citations suivantes de la lettre à Burckhardt proviennent de sa traduction, donnée dans ce livre au chapitre intitulé « L'euphorie de Turin ».

Lors de l'écriture des lettres de la folie, Nietzsche ne procède plus à l'évaluation et à la discrimination des affects qui le traversent : il n'est plus un destin capable de briser l'histoire en deux tronçons. Le voilà alors condamné à devenir successivement chacune des figures historiques qu'il convoque : il se nomme tour à tour « Prado », « le père de Prado », « Lesseps », « Chambige ». Avant de résumer sa position inconfortable : « Ce qui est désagréable et gêne ma modestie, c'est qu'au fond, chaque nom de l'histoire c'est moi ».

La folie, les six jours de « l'euphorie de Turin », peuvent alors se comprendre comme la destruction désordonnée et frénétique de ce mode d'être-destin que Nietzsche avait réussi à produire. Les fils se dénouent à grande vitesse, chaque flux affectif regagne une existence autonome. Dans son « écrivasserie », son délire de « feuilletoniste », il laisse chacune des figures d'autrui suivre sa propre ligne et son propre espace de développement : « Caïphe », « Bismarck », « Ariane » ; les devenirs se font devenirs-partiels, délires déréglés. La désubjectivation ne sert plus l'unité d'une tâche ou d'un combat ; loin de déclarer « Dionysos contre le Crucifié », Nietzsche signe indifféremment ses dernières lettres de ces deux noms[310]. « *Ecce Homo* » – « voilà l'homme » – s'est effacé au profit du « chaque nom de l'histoire, c'est moi ».

Ecce Homo et la lettre à Burckhardt sont donc les deux versions d'un même processus. Dans un cas, le dynamitage des catégories de la métaphysique et le processus de désubjectivation furent mis au service d'une tâche unique qui assura la cohérence du vécu et des forces réactivées ; dans l'autre, cette désubjectivation se mit à valoir pour elle-même, et à tourner à vide sans que rien ne vienne l'interrompre ou la justifier. Nietzsche ne put qu'abandonner toute forme d'unité – fût-ce une unité processuelle et ponctuelle – pour s'ouvrir progressivement à la totalité des « noms de l'histoire », avant de sombrer définitivement dans la folie et le mutisme.

---

[310] Ainsi, les lettres du 4 janvier envoyées à Erwin Rohde et Hans von Bülow sont signées « Dionysos ». Celles, du même jour, destinées au roi d'Italie Umberto 1er, et au Cardinal Mariani se prétendent écrites par « le Crucifié ».

Conclusion

Nous avions donc pris comme point de départ les considérations de Judith Butler quant à l'incapacité de Nietzsche à penser les modes de subjectivation dans leur pluralité créatrice. C'est contre ce préjugé, largement partagé dans la pensée contemporaine, que nous avons voulu lutter. Notre but était ainsi de montrer que Nietzsche admettait la possibilité de subjectivités plurielles, et réalisait cette possibilité par l'écriture d'*Ecce Homo*. C'est alors sur ce dernier livre que nous nous sommes penchés, en tentant de déterminer le type de « moi » qui y faisait son apparition. De cette subjectivité nietzschéenne nous voulions tout à la fois spécifier les caractéristiques, et souligner la nouveauté ; pour ce faire, nous l'avons étudiée à la lueur de la typologie foucaldienne des modes de subjectivation – les quatre critères de celle-ci nous ont servis de grille de lecture[311].

Ayant clos notre étude par l'analyse du moi-événement façonné par Nietzsche, il convient d'effectuer un bilan de notre travail. Tout d'abord, avons-nous totalement contredit Judith Butler ? Certes, il semble bien que certaines thèses ne puissent plus être soutenues. A la lumière *d'Ecce Homo* et de l'analyse que nous en avons faite, il est ainsi impossible d'affirmer que « Nietzsche limite son explication de la responsabilité à cette attribution tardive et juridiquement médiatisée, sans parvenir à comprendre, semble-t-il, les autres conditions d'interlocution dans lesquelles on peut demander de rendre compte de soi »[312]. *Ecce Homo* apparaît comme le livre qui donne à voir une forme nouvelle de récit de soi, irresponsable et non juridique. Nous pensons toutefois que l'explication par la « faute » et la « mauvaise conscience » qui est donnée dans *La généalogie de la morale*, si elle ne peut résumer l'ensemble des morales et des subjectivités, possède une forme d'universalité explicatrice. Car la « faute », la « culpabilité » et le « sujet responsable » sont des notions premières ; elles ne résument pas la morale, mais forment sur le socle sur lequel s'élève ensuite toute morale. Nous vivons d'abord comme

[311] Si nous avons emprunté des concepts à Foucault, nous sommes conscients de n'avoir pas réalisé une étude de type véritablement foucaldien. Un tel travail aurait en effet supposé un matériau plus riche qu'un simple livre (*Ecce Homo*) : il nous aurait fallu étudier des pratiques, des techniques, des archives ; et mettre en perspective historique la nouveauté – relative – du mode de subjectivation nietzschéen.
[312] J. Butler, *Le récit de soi.*, p.14.

des sujets moraux ; et c'est parce qu'il vit comme un « sujet » que Nietzsche éprouve le besoin de détruire ce carcan en écrivant *Ecce Homo* – c'est-à-dire en engageant un processus de désubjectivation. En bref, pour Nietzsche, si d'autres morales et d'autres subjectivités sont possibles, elles le sont comme des conquêtes, et sur la base de la subjectivité métaphysique. Cette dernière constitue en effet « la matrice de tous les phénomènes idéaux et imaginatifs »[313], et, s'il est possible de la subvertir, on ne saurait l'éviter totalement.

Le mode de subjectivation réalisé par Nietzsche ne peut donc réformer définitivement notre mode d'existence, ni fonder d'une manière nouvelle notre subjectivité ; il n'est jamais qu'une conquête seconde. Nous avons vu de plus que cette conquête ne pouvait être que ponctuelle : le moi-événement se dissout dans le « tous les noms de l'histoire, c'est moi » de la dernière lettre à Burckhardt. Que peut donc signifier pour nous une subjectivité aussi labile, un rapport à soi aussi fragile ? Quelle valeur peut avoir pour nous un mode de subjectivation qui porte en lui sa propre impossibilité, et ne se réalise que pour s'annuler ? Pour qu'*Ecce Homo* nous serve et nous change, nous devons admettre que l'échec du moi-événement, ou du moins sa dissolution finale, ne détruit pas ses effets. Il nous faut penser sur ce point avec Deleuze et Guattari : « *Ecce Homo* n'a que des individuations par heccéités[314]. Il est forcé que le Plan, étant ainsi conçu, rate toujours, mais que les ratés fassent partie intégrante du plan – cf. la multitude de plans pour *La volonté de puissance* [...] Comme dit Cage, il appartient au plan que le plan rate. Justement, parce qu'il n'est pas d'organisation, de développement ou de formation, mais de transmutation non volontaire »[315].

Quelle attitude devons-nous adopter, face au plan nietzschéen de transmutation des sujets en affects et des « moi » en « évènements » ? Tout comme Kant conseillait de juger les

---

[313] *GM*, II, §18.

[314] Par « heccéités », Deleuze et Guattari entendent un mode d'individuation qui ne fassent pas émerger de sujets ou de substances, mais qui consiste simplement en rapport de vitesse, de lenteurs et d'affects. C'est ce que nous avons désigné dans *Ecce Homo* sous le terme de « mode » ; Deleuze et Guattari, dans notre optique, veulent dire dans ce passage le caractère toujours déjà-avorté d'un plan qui transformerait les sujets en individus modaux, en affects impersonnels.

[315] G. Deleuze et F. Guattari, *Mille plateaux*, « Devenir-intense, devenir-animal, devenir-imperceptible ».

révolutions, non seulement à l'aune des effets concrets qu'elles produisent (puisqu'elles aussi « ratent toujours ») mais également à l'*enthousiasme* qu'elles soulèvent[316] – car elles révèlent par là une disposition morale du genre humain – peut-être nous faut-il rapporter la subversion nietzschéenne, non pas tant à sa fin malheureuse – la folie – qu'à la capacité d'intensification de l'existence qu'elle a pu porter et mettre en œuvre. Ce qui se trouve alors découvert, ce n'est pas une faculté morale, mais les potentialités de la vie elle-même.

---

[316] E. Kant, *Opuscules sur l'histoire,* « Le conflit des facultés », §6.

Remerciements

Merci à Anne Sauvagnargues, pour ses sages conseils et ses indications avisées. Le contenu de ce livre provient en grande partie d'un mémoire de maîtrise, soutenu sous sa direction à l'ENS-LSH en septembre 2007.

Merci à Isabelle Montin, pour ses suggestions, ses relectures, ses corrections et ses encouragements…

Merci à ma famille et à mes amis, pour leur soutien.

Bibliographie

Ouvrages cités :

Textes de Nietzsche :

-Nietzsche, Friedrich, *Ecrits autobiographiques*, trad. fr. Marc Crépon, Paris, PUF, 1994.

-Les œuvres de Nietzsche et les fragments posthumes sont cités d'après l'édition de référence, établie par G. Colli et M. Montinari : Nietzsche, Friedrich, *Œuvres philosophiques complètes*, Paris, Gallimard, 1968-1997.

Ecce Homo est cité d'après cette édition, dans la traduction de Jean-Claude Hémery.

Commentaires sur Nietzsche :

-Cohen-Halimi, Michèle, « Le possible par prétérition ou de l'impossibilité d'être naïf », *Cahiers philosophiques N°90*, Paris, Editions Delagrave, Mars 2002.
-Crépon, Marc, *Amitié, lecture et écriture* (postface aux *Ecrits autobiographiques* de Nietzsche).
-Deleuze, Gilles, *Nietzsche et la philosophie*, Paris, PUF, 1962.
-Granier, Jean, *Le problème de la vérité dans la philosophie de Nietzsche*, Paris, Ed. du Seuil, 1966.
-Klossowski, Pierre, *Nietzsche et le cercle vicieux* , Paris, Mercure de France, 1969.
-Klossowski, Pierre, *Un si funeste désir*, Paris, Gallimard, 1987.
-Kofman, Sarah, *Explosion II, Les enfants de Nietzsche*, Paris, Galilée, 1993.
-Müller-Lauter, Wolfgang, *Nietzsche. Physiologie de la volonté de puissance*, trad. fr. Jeanne Champeaux, Paris, Editions Allia, 1998.
-Stiegler, Barbara, *Nietzsche et la biologie*, Paris, PUF, 2001.

Autres textes cités :

-*La Bible, Nouveau Testament*, Traduction œcuménique de la Bible, Paris, Le Livre de Poche.
-Austin, John Langshaw, *Quand dire, c'est faire*, Paris, Editions du Seuil, 1998.
-Butler, Judith, *La Vie psychique du pouvoir*, trad. fr. Brice Matthieussent, Paris, Léo Scheer, 2002.
-Butler, Judith, *Le récit de soi*, trad. fr. Bruno Amboise et Valérie Aucouturier, Paris, PUF, 2007.
-Chartier, Roger, *Les origines culturelles de la Révolution française,* Paris, Editions du Seuil, 1990.
-Deleuze, Gilles, *Foucault*, Paris, Ed. de Minuit, 1986.
-Deleuze, Gilles, *Spinoza : philosophie pratique*, Paris, les Ed. de Minuit, 2003.
-Deleuze, Gilles et Guattari, Félix, *Mille plateaux*, Paris, Ed. de

Minuit, 1980.
-Diogène Laërce, *Vies et doctrines des philosophes illustres*, Paris, LGF-Livre de Poche, 1999.
-Foucault, Michel, *Histoire de la sexualité 2 : L'usage des plaisirs,* Paris, Gallimard, 1984.
-Foucault, Michel, « Structuralisme et poststructuralisme » in *Dits et écrits IV*, Paris, Gallimard, 1994.
-Gros, Frédéric, *Michel Foucault*, Paris, « Que sais-je ? », PUF, 1996.
-Janz, Curt Paul, *Nietzsche : biographie*, Paris, Gallimard, 1984-1985.
-Kant, Emmanuel, *Opuscules sur l'histoire*, trad. fr. Stéphane Piobetta, Paris, Garnier-Flammarion, 1990.
-Kofman, Sarah, *Explosion I, de l' « Ecce Homo » de Nietzsche*, Paris, Galilée, 1992.
-Platon, *Apologie de Socrate-Criton-Phédon*, Paris, Garnier-Flammarion, 1965.
-Rousseau, Jean-Jacques, *Les Confessions*, Paris, Pocket, 2006.
-Simondon, Gilbert, *L'individuation : à la lumière des notions de forme et d'information*, Grenoble, Millon, DL 2005.
-Xénophon, *Banquet-Apologie de Socrate*, Paris, Belles Lettres, 2002.

Ouvrages utilisés mais non cités :

-*Nietzsche aujourd'hui ?*, volume 1, « Intensités », compte rendu du colloque international de Cerisy de 1972, Paris, Union Générale d'Editions, 1973.
-*Nietzsche*, compte rendu du colloque de Royaumont de 1964, réalisé sous la direction de Gilles Deleuze, Paris, Editions de Minuit, 1967.
-Birnbaum, Antonia, *Nietzsche : les aventures de l'héroïsme*, Paris, Payot&Rivages, 2000.
-Combes, Muriel, *Simondon : individu et collectivité. Pour une philosophie du transindividuel*, Paris, PUF, 1999.
-Deleuze, Gilles, « La méthode de dramatisation » in *L'île déserte et autres textes*, Paris, Ed. de Minuit, 2002.
-Deleuze, Gilles et Guattari, Félix, *L'Anti-Oedipe*, Paris, Ed. de Minuit, 1972.
-Deleuze, Gilles et Guattari, Félix, *Qu'est-ce que la philosophie ?*,

Paris, Ed. de Minuit, 1991.
-Foucault, Michel, "Nietzsche, la généalogie, l'histoire" in *Hommage à Jean Hyppolite*, Paris, PUF, 1971.
-Moreau, Pierre-François, *Spinoza : l'expérience et l'éternité*, Paris, PUF, 1994.
-Sauvagnargues, Anne, *Deleuze et l'art*, Paris, PUF, 2005.
-Spinoza, Baruch, *Œuvres. 1, Traité de la réforme de l'entendement*, trad. fr. Charles Appuhn, Paris, Garnier-Flammarion, 1964.
-Spinoza, Baruch, *Œuvres. 3, Ethique démontrée suivant l'ordre géométrique et divisée en cinq parties*, trad. fr. Charles Appuhn, Paris, Garnier-Flammarion, 1965.
-Wotling, Patrick, *Nietzsche et le problème de la civilisation*, Paris, PUF, 1999.

Table des matières

L'HARMATTAN, ITALIA
Via Degli Artisti 15 ; 10124 Torino

L'HARMATTAN HONGRIE
Könyvesbolt ; Kossuth L. u. 14-16
1053 Budapest

L'HARMATTAN BURKINA FASO
Rue 15.167 Route du Pô Patte d'oie
12 BP 226
Ouagadougou 12
(00226) 50 37 54 36

ESPACE L'HARMATTAN KINSHASA
Faculté des Sciences Sociales,
Politiques et Administratives
BP243, KIN XI ; Université de Kinshasa

L'HARMATTAN GUINEE
Almamya Rue KA 028
En face du restaurant le cèdre
OKB agency BP 3470 Conakry
(00224) 60 20 85 08
harmattanguinee@yahoo.fr

L'HARMATTAN COTE D'IVOIRE
M. Etien N'dah Ahmon
Résidence Karl / cité des arts
Abidjan-Cocody 03 BP 1588 Abidjan 03
(00225) 05 77 87 31

L'HARMATTAN MAURITANIE
Espace El Kettab du livre francophone
N° 472 avenue Palais des Congrès
BP 316 Nouakchott
(00222) 63 25 980

L'HARMATTAN CAMEROUN
BP 11486
Yaoundé
(00237) 458 67 00
(00237) 976 61 66
harmattancam@yahoo.fr

652930 - Mai 2016
Achevé d'imprimer par

1livre.com
du rêve à la réalité !